사회생활이 불편한 모든 사람에게 바칩니다.

"당신은 혼자가 아니에요."

마음을 훔치는 기술

캣치

Catchy

바네사 반 에드워즈 지음
김문주 옮김

쌤앤파커스

당신의 PQ 지수는?

PQ(Political Intelligence, 정치지능) 지수를 아는가? PQ 지수가 높은 사람들은 보통 사람들보다 연간 2만 9,000달러(한화 약 3,200만 원)를 더 번다. 커뮤니케이션 능력이 뛰어난 사람들은 약 42% 더 행복하고 만족스러운 인생을 사는 것으로 보고됐다. 당신은 어떤가? PQ 지수 테스트를 통해 대인관계 수준을 측정해보자.

1. 어떤 미소가 진짜일까?

a   b   c   d

2. 모임이나 파티에서는 어디에 서 있는 게 가장 좋을까?

a. 행사장 입구 가까이

b. 음식이 차려진 테이블 근처

c. 사람들이 빠져 나가는 경로

d. 당신이 아는 사람 옆

3. 이 표정은 무슨 뜻일까?

a. 재미있다.

b. 슬프다.

c. 지겹다.

d. 경멸한다.

4. 사람에 관한 격언 중 가장 맞는다고 생각하는 것은?

    a. "나와 정반대인 사람에게 끌리게 마련이다."

    b. "유유상종."

    c. "미꾸라지 한 마리가 강물을 흐린다."

    d. "은혜를 원수로 갚아서는 안 된다."

5. 이 표정에 가장 알맞은 대사는?

    a. "여기서 이상한 냄새가 나."

    b. "나 그거 때문에 화가 나."

    c. "나 좀 혼란스러운데."

    d. "난 걱정돼."

6. 당신이 누군가에게 마음 쓰고 있다는 걸 표현하기 위한 가장 좋은 방법은?

    a. 그 사람이 멋진 이유를 직접 이야기해준다.

    b. 선물을 준다.

    c. 그 사람이 해야 할 일을 대신해준다.

    d. 앞서 말한 모든 걸 해준다.

    e. 사람에 따라 다르다.

7. 유전자는 성격에 얼마나 영향을 미칠까?

   a. 아주 약간. 성격은 성장 환경에 좌우된다.

   b. 35%~50%

   c. 55%~75%

   d. 매우 많이. 성격은 DNA에 의해 결정된다.

8. 이 표정을 가장 잘 표현한 이모티콘은?

    a   b   c   d

9. 이 사람의 성격에 대해 무엇을 추측할 수 있을까?
(단, 성격에 대한 추측 가운데 오직 하나만 옳다.)

   a. 내성적이다.

   b. 외향적이다.

   c. 느긋하다.

   d. 조용하다.

10. 다음 중 어떤 수다를 떨 때 뇌가 가장 활성화될까?

    a. 우리가 타고 있는 썸

    b. 최근 가장 핫한 가십

    c. 우리 자신에 대하여

    d. 최근에 본 무서운 영화

11. 이 표정은 무슨 뜻일까?

    a. 흥분된다.

    b. 아찔하다.

    c. 흥미롭다.

    d. 놀랍다.

12. 사람들은 대화하는 동안 평균적으로 얼마큼 눈을 마주칠까?

    a. 31%

    b. 51%

    c. 61%

    d. 91%

13. 누군가를 당신 편으로 끌어들일 수 있는 가장 좋은 방법은?

a. 즐거운 이야기를 많이 나눈다.

b. 안아준다.

c. 선물을 준다.

d. 비위를 맞춰준다.

14. 이 표정은 무슨 뜻일까?

a. 놀랍다.

b. 혐오스럽다.

c. 공포스럽다.

d. 혼란스럽다.

15. 다음 중 어떤 사람이 사람들을 가장 짜증나게 할까?

a. 말이 너무 많은 사람

b. 너무 조용한 사람

c. 거짓말하는 사람

d. 허세 부리는 사람

16. 사람들은 보통 어디에 더 가치를 둘까?

    a. 친구들이 산 제품

    b. 의사가 추천한 제품

    c. 내 성격에 어울리는 제품

    d. 맞춤 제작한 제품

17. 누군가를 처음 만났을 때, 당신이 가장 추측하기 어려운 부분은?

    a. 얼마큼 외향적인가?

    b. 얼마나 걱정이 많은가?

    c. 새로운 생각에 개방적인가?

    d. IQ가 얼마인가?

    e. 얼마나 정리를 잘하는가?

18. 이 표정은 무슨 뜻일까?

    a. 수치스럽다.

    b. 혼란스럽다.

    c. 짜증스럽다.

    d. 역겹다.

19. 당신의 새 동료가 신경증(노이로제)인 걸 알 수 있는 행동은?

a. 책상에 의욕이 넘치는 포스터들을 붙인다.

b. 모든 회의에 일찍 참석해 앉아 있다.

c. 보자마자 자기소개를 한다.

d. 당신이 먼저 자기소개를 할 때까지 기다린다.

20. "스스로 (   ) 느끼도록 만드는 게 그 사람의 기분을 좋게 하는 가장 좋은 방법이다." 괄호에 들어갈 말은?

a. 우쭐하게

b. 매력적이라고

c. 가치 있다고

d. 영향력 있다고

정답

1. c **2.** c **3.** d **4.** b **5.** b **6.** e **7.** b **8.** d **9.** b **10.** c **11.** d **12.** c **13.** a
14. c **15.** c **16.** d **17.** b **18.** d **19.** a **20.** c

정답을 맞춰보고 틀린 문제에는 0점을, 맞힌 문제에는 10점을 준다. **합계: _____ 점**
진단 결과: 합계가 곧 당신의 PQ 점수다.

0~50점

당신은 인간의 행동을 이끄는 근본적인 힘에 대해 잘 모르고 있다. 하지만 걱정하지 마라. 당신의 현 수준과는 상관없이 이 책에서 배우는 모든 기술로 당신의 PQ 지수는 높아질 테니까!

51~100점

사람들은 대부분 이 점수대에 속한다. 하지만 특별한 당신은 여기에 만족해선 안 된다. 내 목표는 당신의 점수가 적어도 50점은 향상되도록 돕는 것이다.

101~150점

이미 좋은 대인관계 지능을 지니고 있다. 하지만 언제나 발전의 여지는 있는 법. 더욱 갈고닦아보자!

151~200점

당신은 타고났다. 이미 사람들이랑 잘 지내고 있더라도 이 책을 읽으면 무엇을 얻게 될지 상상하면서 소리 내 말해보자. "세계정복"이라고.

점수가 낮아도 놀라지 마라. 이 책의 마지막을 읽을 때면 이 점수 따윈 우스워질 테니 말이다. 지금부터 인간관계에 큰 변화를 맞이할 준비가 됐는가? 시작해보자.

마음을 훔치는 시간,
5분이면 충분하다

안녕, 내 이름은 바네사야. 그리고 사회적으로 어색하지 않은 인간으로 진화 중이지. 학교 댄스파티에서 자진해서 화장실에 숨어 있던 애가 바로 나야. 나는 사람 사귀는 일을 유난히 두려워했어. 어쩌다가 잘생긴 애랑 부딪히면 나도 모르게 딸꾹질이 나왔고, 체육시간엔 어떻게든 핑계를 대서 빠질 궁리만 했지….

한번은 몸에 뭔가 잔뜩 난 적이 있었는데, 퉁퉁 부은 벌건 팔다리를 가리려고 한여름에도 긴팔 옷과 긴 바지를 입어야 했어. 특히 학교 가는 날엔 얼굴을 온통 뒤덮은 뾰루지들 때문에 쥐구멍에라도 숨고 싶었지. 꿔다 놓은 보릿자루 같았던 내게 앞에 나가서 뭐 좀 하라고 하면 정말 죽고 싶었어. 내가 대인기술을 타고나지 못했다고 말하는 건, 꽤나 미화해서 얘기하는 셈이야.

이런 나였으니 대인관계 기술을 터득하기란 상당한 어려웠다. 어색하고 매력 없는 사람으로 살지 않기 위해 그 기술을 터득하는 과정은 다음과 같았다.

먼저 닥치는 대로 책을 읽었다. 심리학 교과서, 사회학 논문, 인간의 행동을 주제로 한 모든 책을 말이다. 그리고 나만의 테스트와 실험들을 만들어냈다. 예를 들어 도파민 연구를 토대로 만든 대화 카드를 지갑 속에 넣고 다니면서, 처음 만나는 사람들에게 실험해보았고 그 반응을 꼼꼼히 정리했다. 연구와 실험을 거듭한 결과, 인간관계는 몇 가지 규칙을 따른다는 결론에 도달했다.

내가 깨달은 교훈을 '사이언스오브피플'이라는 블로그에 기록하기 시작했다. 사람들과 어울리는 게 어려워 고군분투하는 인간이 나 하나가 아니라는 사실을 깨달았다. 무척 놀랍고 신나는 일이었다. 내 글이 인터넷 상에서 회자되고, 나의 영상들이 입소문을 타기 시작하면서 미국공영라디오과 〈포브스〉 같은 미디어들이 나의 독특한 접근법에 대해 기사로 다루었다. 나는 용기를 얻어 인간행동에 대해 더 광범위한 조사연구를 벌이기로 결심했다.

지난 8년간 나는 누구를 만나도 어울릴 수 있는 인간관계의 공식들을 완성했다. 또한 온라인 수업과 오프라인 워크숍을 통해 학생 수백만 명에게 내가 개발한 접근법들을 가르쳤다. 그로부터 얻어낸 결과들은 이렇다. 구글, 인텔 등 〈포춘〉 지가 선정한 500대 기업의 부끄럼쟁이 직원들이 대인관계를 주도하게 도왔고, 연애 문제로 고민하던 싱글들에게 연인을 찾아주었으며, 기업가들이 인간행동 과학에 기반해 경영전쟁에서 승리를 거두게 했다. 뿐만 아니라 〈허핑턴포스트〉, 〈포브스〉, CNN에 실린 내 칼럼과 방송들은 인간관계로 고민하는 전 세계 사람들에게 전파됐다.

○

빠르고 확실한 인간관계를 구축하는 기술 14

대인관계 기술을 익히면 인생을 사는 데 필요한 사회적인 윤활유를 얻는 셈이다. 즉, '인간행동의 법칙'을 이해하면 모든 일이 더 유연하게 돌아간다. 생판 모르는 사람들에게 잊지 못할 첫인상을 줄 수 있고, 말도 안 되는 실수로 관계가 어긋나버리는 드라마 같은 상황이 줄어들 것이다. 데이트 상대와 관계를 발전시킬 수 있고, 친구들과 더 강력하고 든든한 우정을 맺게 된다. 어떻게? 사람의 마음을 훔치고 사람에게 영향을 미치는 '기술'을 익히면 된다.

사람들의 행동을 예측하고 싶은가? 당신만의 고유한 오라를 뽐고 싶은가? 상사에게, 애인에게, 고객에게, 직장동료에게 어떤 타이밍에 무슨 말을 건네야 할지 고민되는가? 화학 작용에 공식이 있고, 코드를 작성할 때 바른 프로그래밍 언어를 사용해야 하는 것처럼, 사람 사이에도 복잡해 보이는 문제를 푸는 단순한 기술들이 있다.

신뢰할 수 있는 최신 과학연구를 실생활에 적용할 수 있는 전략들로 바꿨다. 이 전략들은 수천 명의 학생들이 실제 상황에서 사용해보고, 그 결과에 대해 검증해낸 것들이다. 인간의 내면은 오싹할 정도로 예측 가능해서 동서양을 막론하고 꽤나 비슷하다. 따라서 사람들이 어떻게 행동하는지, 왜 그런 행동을 하는지 알 수만 있다면, 당신은 모든 관계를 주도하고 원하는 바를 이룰 수 있다.

1파트는 첫 5분에 매력적으로 대화를 시작하고, 사람들에게 잊지 못할 첫인상을 남기는 법을 소개한다. 2파트는 사람의 속마음을 재빨리 읽어내고, 행동을 해석하고 예측하는 방법을 알려준다. 관계를 좀 더 심화시키고 싶을 때 사용하면 된다. 나는 이 체계를 '매트릭스'라고 부른다.

3파트는 사람들에게 영향력을 미치고, 팀을 이끌어가며, 확실한 관계를 맺는 법을 소개한다. 팀원을 파트너로, 썸 타던 사람을 연인으로, 고객을 마니아로, 지인을 평생 친구로 바꾸는 가장 발전된 인간관계를 다질 수 있다. 책에 있는 '디지털보너스'는 책과 관련된 영상과 사진들이 담겨 있다는 뜻이다. 자료는 사이언스오브피플 웹사이트 ScienceofPeople.com의 툴박스에 있다.

인간관계가 어렵고 힘들어도 피할 수만은 없다. 나의 꿈을 가꾸며 진정으로 원하는 삶을 살기 위해서는 관계가 원만해야 하니까.

물 흐르듯 술술 풀리는 자연스러운 대화법으로 누구를 만나도 당당해질 것이다. 협상, 면접, 모임, 발표 등에서 적절한 커뮤니케이션을 발휘해 더 높은 자리에 오르게 되고, 더 많은 연봉을 받게 될 것이다. 이 단순하면서 강력한 도구의 핵심은, 사람을 얻고 사람들에게 영향을 미치기 위한 과학이 존재한다는 '믿음'에서 출발한다. 자, 그럼 모험을 시작해보자!

차례

Part 1

첫 5분

업무 미팅, 연말 모임, 소개팅이 잡혔다.
처음 만나서 무슨 말을 꺼내야 할까?
어떻게 강력한 인상을 남길 수 있을까?
거짓미소로 불안을 포장해봤자,
진정성 없는 사람으로 보일 뿐이다.
그리고 그것이 가장 큰 문제다.
지금 당신에게 필요한 건 '첫인상 전략'이다.

게임을 지배하는 자

내게 유리한 판을 짜는 법

해리라는 소년이 있었다. 골뱅이 안경을 쓴 모범생이었다. 고등학교를 졸업하고 소년은 가족의 생계를 돕기 위해 철도건설회사의 시간기록원과 약국의 선반정리원으로 취직했다. 이 수줍은 소년이 훗날 미국의 대통령이 될 거라고는 그 누구도 상상하지 못했다.

해리 S. 트루먼^{Harry S. Truman}은 대통령에 어울리는 전형적인 매력남은 아니다. 처음에는 이게 그의 정치 인생에 걸림돌이 됐다. 민주당 전당대회에서 부통령 후보 지명을 위한 경쟁에 나섰을 때였다. 그에게는 승산이 없어 보였다. 트루먼의 경쟁자인 헨리 A. 월리스^{Henry A. Wallace}는 당시 대통령이던 프랭클린 D. 루스벨트^{Franklin D. Roosevelt}의

지지를 받고 있었으며, 그는 타고난 연설가이자 당시 부통령이기도 했다.

반면 트루먼은 달변의 연설가가 아니었고, 스스로 그걸 잘 알고 있었다. 1차 투표에서 월리스와 트루먼은 각각 429.5표와 319.5표를 획득했다(민주당의 경우 대의원 1명이 반 표를 가진다고 계산한다). 트루먼은 지지자를 확보해야 했다. 그것도 재빨리! 그의 보좌관들은 트루먼의 장점을 살려 거창한 연설을 하는 대신 당 수뇌부와 대의원들, 그리고 청중들 가운데 영향력 있는 사람들을 일대일로 만나 관계를 만들기로 결정했다.

이들은 하루 종일 대의원들을 'H호'라는 이름의 방으로 불러냈다. 연단 아래에 있는 에어컨 냉방이 빵빵한 밀실이었다. 회의장은 숨이 턱 막혀오도록 더웠지만, 대의원들은 그 방에 들어서면 말 그대로 신선한 공기를 한껏 들이마실 수 있었다. 트루먼의 홍보에 귀를 기울이면서 말이다. 또 트루먼은 복도 끝에 서서 지나가는 의원들과 악수를 나누며 시간을 보냈다. 월리스가 다른 후보자들과 호텔방에 앉아 결과를 기다리는 동안, 트루먼은 아내, 그리고 청중들과 함께 핫도그를 먹었다.

저녁 8시 14분, 2차 투표 결과가 발표됐다. 트루먼은 1,031표를 획득함으로써 105표를 받은 월리스를 눌렀다. 단 몇 시간 만에 712표를 얻어낸 셈이다.[1] 트루먼은 자신의 강점을 잘 이해해 연설이 아닌 대화를 최대한 활용했고, 이는 사람들에게 제대로 먹혔다.

불편한 신발은 신지 않는 지혜

프로 농구선수가 꿈이라고 가정해보자. 당신은 키 188cm에 빠른 발과 엄청난 볼 핸들링 기술을 가졌다. 당신에겐 2가지 선택권이 있다. 하나는 센터로 뛰는 것이다. 그런데 NBA 센터의 평균 신장은 201cm.[2] 센터가 되고 싶으면, 시합 중에 키높이 신발을 신고 아주 오랫동안 수직점프를 연습해 신장을 속여야 한다. 다른 선택은 평균 신장이 188cm인 포인터가드로 뛰는 것이다.[3] 이렇게 되면 키를 속일 필요 없이 시합에만 집중하면 된다.

내성적인 사람이 외향적인 척하는 것은 키높이 신발을 신고 센터 역할을 하는 것과 같다. 원하는 걸 얻을 때까지 사회적 성향을 속이는 건 남은 에너지를 모두 소진하는 일이다. 제대로 작동하지도 않고, 게다가 진실해 보이지도 않는다. 나는 1,036명의 사람들에게 다음과 같은 질문을 던졌다.[4]

다음 중 어떤 사람이 사람들을 가장 짜증나게 할까?
a. 말이 너무 많은 사람
b. 너무 조용한 사람
c. 거짓말하는 사람
d. 허세 부리는 사람

어떤 답이 가장 많이 선택됐을까? '거짓말하는 사람'이 63%로 선두였다. 당신이 누군가를 싫어한다면, 사람들은 느낀다. 어떤 사건에 대해 기분이 좋지 않다면, 사람들은 감지한다. 밀어붙이고, 속이고, 가능하도록 애쓰는 것. 단언컨대 이런 것들은 전혀 효과가 없다.

바버라 와일드Barbara Wild 박사와 그 동료들은 감정이 순식간에 전염된다는 걸 밝혔다. 우선 이 연구팀은 사람들에게 행복하거나 슬픈 얼굴을 한 사람들의 사진을 보여줬다. 그러고 나서 이들에게 정서검사를 실시했다. 그 결과 연구자들은 각 이미지 속 감정들이 실험참가자들에게 '전염'된다는 걸 발견했다.

아주 단순하게, 행복한 얼굴 사진을 본 후에 실험참가자들은 좀 더 긍정적인 기분을 느꼈다. 슬픈 얼굴 사진을 본 후에는 좀 더 부정적인 기분을 느꼈다.[5] 각 사진들은 고작 0.5초씩만 실험참가자들의 눈앞을 스쳐지나갔을 뿐이다. 얼굴을 봤다고 하기에도 벅찬 시간에 사람들은 감정까지 읽은 것이다.

와일드 박사는 심지어 우리의 미소근육은 무의식적으로 주변 사람들의 미소를 따라 한다는 걸 발견했다. 우리는 행복한 사람들 사이에서 더욱 행복해진다. 그리고 성공한 사람들 사이에서 더욱 성공하게 된다.[6] 당신이 끔찍한 행사에 억지로 끌려간다면, 스스로도 우울해질뿐더러 그 우울감은 사람들에게 전염된다.

핀란드대학교 연구팀은 한 집단에는 가짜미소가 담긴 사진을, 다른 집단에는 진짜미소가 담긴 사진을 보여줬다.[7] 다음과 같이 말이다.

A

B

어떤 미소가 진짜일까? 사진 B가 진짜미소이고, 사진 A는 가짜미소다. 실험참가자들은 진짜미소를 보았을 때 긍정적인 감정의 변화를 느꼈다. 그러나 가짜미소를 본 실험참가자들은 감정의 변화가 없었다.

원하는 것을 얻을 때까지 사람들을 속일 수 있다고? 천만에! 진짜 행복한 사람들은 우리를 행복하게 만들어준다.[8] 하지만 가짜로 행복한 사람들은 쉽게 잊힌다. 속일 필요가 없는 범위에서만 교류하라. 당신이 행복하지 않은 자리에서 오래도록 기억에 남을 인상을 만들어내기란 정말 어려운 일이니까 말이다. 인간관계를 승리로 이끌고 싶다면, 당신이 속한 상황을 통제해야 한다.

전략 1

당신의 사교원칙을 만들어라!

누구와도 어울릴 수 있지만, 모두와 어울릴 필요는 없다. 그렇기에 나만의 사회적 강점을 찾아내 활용하는 것이 중요하다. 당신의 사교 원칙은 당신이 가장 잘 움직일 수 있고, 가장 편안하게 느끼며, 최고의 성공을 거둘 수 있는 완벽한 포지션을 찾을 수 있도록 도와준다.

○

성공 장소 vs. 실패 장소

다음 중 사람들과 함께할 때 즐겁게 느껴지는 장소들을 3~5군데 체크한다. 그리고 당신만의 장소가 있다면 추가로 써보자. 이를 당신의 '성공 장소'라고 부를 것이다.

☐ 바   ☐ 사무실
☐ 자연환경   ☐ 칵테일파티
☐ 나이트클럽   ☐ 학회
☐ 수영장파티   ☐ 캠핑
☐ 레스토랑   ☐ 테마파크
☐ 미술관   ☐ 전화통화
☐ 영화관   ☐ 축제
☐ 카페   ☐ 이메일
☐ 카지노   ☐ 인맥용 모임

□ 회의실	□ 영상통화
□ 콘서트장	□ 운동경기
□ 헬스장	□ 인스턴트 메신저
□ 격식 있는 행사	□ 기타 (　　　　)

　반대로 사람들과 시간을 보내는 게 극도로 싫게 느껴지는 장소들을 3~5군데 체크한다. 당신이 기피하는 장소가 있다면 추가로 써보자. 이를 당신의 '실패 장소'라고 부를 것이다.

□ 바	□ 사무실
□ 자연환경	□ 칵테일파티
□ 나이트클럽	□ 학회
□ 수영장파티	□ 캠핑
□ 레스토랑	□ 테마파크
□ 미술관	□ 전화통화
□ 영화관	□ 축제
□ 카페	□ 이메일
□ 카지노	□ 인맥용 모임
□ 회의실	□ 영상통화
□ 콘서트장	□ 운동경기
□ 헬스장	□ 인스턴트 메신저
□ 격식 있는 행사	□ 기타 (　　　　)

　당신이 체크한 성공 장소들은 당신이 가길 기대하는 장소이자 최고의 모습으로 있을 수 있는 곳이다. 실패 장소는 언제나 당신을 불편하고 지루하게, 또는 불행하게 만든다. 그밖에 모두에서 체크하지 않은 장소 중에서 자주 가는 장소들을 '중립 장소'라고 부르

자. 당신이 가장 좋아하는 장소는 아니지만 꺼리는 장소도 아니며, 당시의 기분이나 누구와 함께 하느냐에 따라 얼마든지 달라질 수 있다. 앞서 체크한 장소들을 다음 칸에 적어보자.

당신의 성공 장소는?
_____

당신의 실패 장소는?
_____

당신의 중립 장소는?
_____

이제 당신은 어디에 초대받을 때 승낙하고 거절할 것인지 알게 됐다. 성공 장소에서 행동전략을 써먹으면 성공할 확률은 훨씬 더 높아진다. 만약 중립 장소나 실패 장소에 가야 한다 해도 걱정하지 말자. 다음의 2가지 기술이 당신을 보호해줄 테니까.

○

기술 1: 공간을 장악하라

각종 모임과 행사에서 사람들의 움직임을 녹화하고 추적했다. 행사가 끝난 후 사람들이 얼마나 많은 인연을 맺었고, 몇 장의 명함을 받았으며, SNS에서 몇 명과 친구를 맺었는지 기록했다. 그리고 여기서 성공한 마당발 유형의 사람들은 특별한 패턴을 사용하고 있음을 발견했다. 다음은 전형적인 행사장의 모습이다.

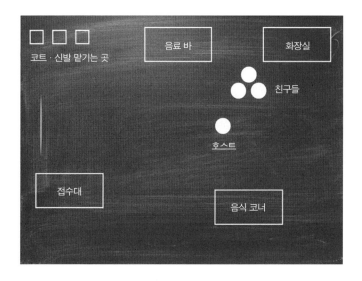

연말 모임이나 행사, 결혼식 피로연장, 학회장 등 행사는 대부분 이와 같은 기본적인 세팅이 되어 있다. 접수대나 선물을 맡겨놓는 탁자도 있다. 화장실이 어딘지, 그리고 음료수나 음식을 먹을 수 있는 곳이 어딘지는 쉽게 알아볼 수 있을 것이다. 보통 그곳에는 당신이 아는 사람들이 있기 마련이다. 회사 동료나 친구, 지인들이 모여서 근황을 나누고 있을 것이다. 그리고 당연히 호스트나 상사는 여기저기를 배회하고 있다. 1944년 전당대회에서 트루먼이 사용한 사교지도를 떠올려보자.

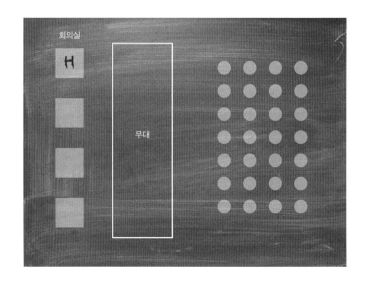

청중들은 커다란 무대 앞에 앉아 있다. 회의실은 무대 뒤쪽에 있다. 후보자들은 청중 사이를 비집고 들어가기 전에 무대에서 온 에너지를 쏟아붓는다. 이들의 움직임은 다음과 같다.

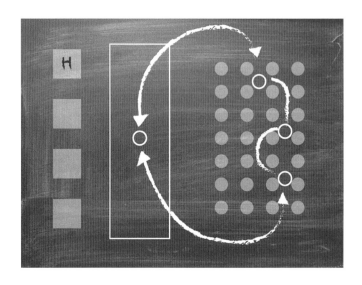

수줍음이 많은 트루먼은 효율을 극대화하고 투표에서 이기기 위해 빤한 경로에서 벗어나 개인적인 약점을 극복해야 했다. 트루먼은 무대 양쪽의 긴 복도 끝에서 악수를 하고, 시원하고 조용한 H호에서 인맥을 쌓았다. 다음은 트루먼의 사교지도다.

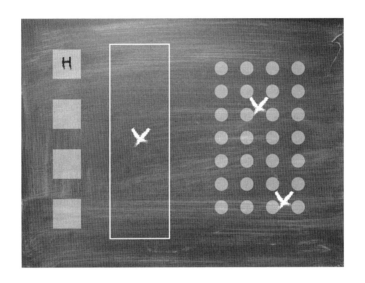

나는 H호처럼 우리의 장점에 맞는 장소를 '스위트 스폿Sweet Spot'이라고 부르겠다. 다음 페이지의 지도에서 별 표시된 곳이다. 트루먼이 할 일은 행사장을 장악하기 위해 자신의 스위트 스폿을 따르는 것이 전부였다.

당신도 마찬가지다. 다시 전형적인 사교지도로 돌아가 행사장을
3가지 구역으로 나누어보자. 시작구역, 사교구역, 그리고 열외구역
이다.

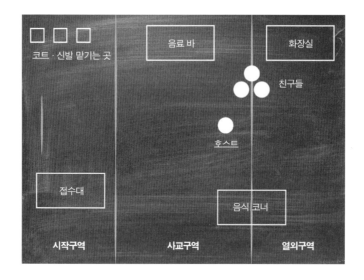

시작구역은 모든 행사가 시작되는 지점으로, 신경이 가장 곤두서는 자리다. 사람들은 행사장에 갓 도착했을 때 머릿속이 복잡하다. 아는 사람이 있는지 살피거나, 휴대전화를 진동모드로 바꾸거나, 화장실로 직행해 좋은 시간을 보내게 해달라고 속으로 기도한다. 당신이 할 수 있는 가장 큰 실수는 시작구역을 맴도는 사람에게 말을 거는 것이다. 이것은 사교의 함정이다.

당신은 자신감이 떨어진 상태의 사람을 붙잡은 것이다. 명함을 가장 적게 받은 사람들은 시작구역에 있는 이들에게 곧바로 들이대는 경향이 있었다. 당신이 아직 행사에 익숙해지지 않은 누군가에게 접근한다면, 그 사람은 당신과의 대화에 집중하지 못할 뿐 아니라 당신의 등 너머로 자기가 아는 사람을 찾을 것이다. 또 이들은 음식을 가지러 가거나, 호스트에게 인사하기 위해, 또는 화장실에 가기 위해 곧 자리를 뜰 가능성이 높다.

열외구역은 새로운 사람을 많이 만날 수 없는 곳이다. 첫 번째 열외구역은 '화장실 앞'이다. 두 번째 열외구역은 '음식 코너' 앞에 머무는 것이다. 저녁 내내 너무 많이 먹어서 만삭 같은 배를 끌어안고 있어야 할 뿐 아니라 다른 사람들이 음식을 먹기도 어렵게 만든다. 사람들이 접시를 채우려고 다가왔을 때 말을 걸기란 힘들지 않을까? 악수는 거의 불가능하고 음식을 씹는 중간마다 수다를 떨어야 하는 우스꽝스러운 광경을 만든다.

세 번째 열외구역은 '아는 사람에게 곧바로 향하는 것'이다. 동료나 친구, 지인들을 만나면 새로운 사람을 만나는 건 말도 안 되게 어려워진다. 가장 좋은 방법은, 도착했을 때 친구들에게 손을 흔들거나 가볍게 인사하고는 좀 있다 다시 오겠다고 말하는 것이다. 사람들이 빠지기 시작하면 친구들과 어울릴 수 있으니, 행사 초반에는 신선한 에너지를 활용하는 것이 좋겠다. 모든 행사에서 당신이 피해야 할 함정은 다음과 같다.

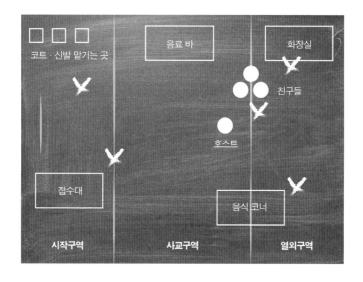

사교구역은 마법이 일어나는 곳이다. 가장 좋은 장소는 사람들이 '음료 바에서 빠져 나가는 곳'이다. 이곳에 머무는 사람들은 시작구역에서 느낀 불안한 감정이 사그라진 상태다. 사람들은 손에 음료수를 들고 다른 사람들과 친해질 준비가 되어 있다. 누군가와 대화하지 않겠다고 작정한 게 아니라면 말이다. 이때 당신은 그 사람들이 혼자 음료수를 마시지 않게 구원해주면 된다.

음료 바 양쪽으로 스위트 스폿이 2개 있다. 모임이나 행사에서 가장 명함을 많이 받거나 SNS에서 가장 많은 친구를 맺은 사람들은 이 스위트 스폿을 차지하고 있었으며, 이야기를 나눌 사람이 떨어지는 일이 없었다.

사교구역에서 또 다른 스위트 스폿은 '호스트 주변'이다. 일단 음료수를 손에 쥐면 호스트에게 다가가 간단히 인사를 건네고 초대해줘서 고맙다고 말한 후 계속 이곳을 파악해나간다. 호스트가 사람들을 맞이하느라 바빠지기 전에 주변을 소개시켜달라고 부탁할 수도 있다. 호스트에게 "초대해주셔서 감사해요! 훌륭한 자리 같아요. 제게 소개시켜주실 좋은 분이 계실까요?"라고 말해보자.

사람들을 소개받은 후에는 호스트가 계속 손님 맞는 일을 할 수 있도록 놓아주자. 하지만 가능하다면 이 사람들의 시야에 머무는 것이 좋다. 나는 아는 사람이 많지 않은 자리에선 이렇게 한다. 왜냐하면 호스트가 다른 사람과 이야기를 나누다 나를 보고는 "아, 내 친구 한번 만나볼래? 바네사, 이쪽으로 와!"라고 말할 가능성이 더 높기 때문이다.

사람들이 이미 음식을 먹기 시작한 소파나 테이블도 숨겨진 스위트 스폿이다. 사람들은 보통 누군가가 자기 옆에 음식이 담긴 접시를 내려놓길 바란다. 그들에게 이렇게 말해보자. "여기 앉아서 같이 먹어도 될까요?"

팁을 주자면, 내성적이고 큰 모임을 싫어하는 사람들에게 나는 소위 '깨작깨작'을 강력하게 권한다. 뷔페에서 접시에 음식을 수북하게 담아오는 대신 애피타이저를 먼저 담으러 가고, 그다음에 메인요리를 담으러 가고, 또다시 두 번째 메인요리나 디저트를 가지러 가는 것이다. 왜? 이렇게 해야 대화에서 잠시 빠져 나오거나 새로운 대화로 옮겨가기 쉽기 때문이다.

요약하자면, 다음 사교지도에 별 표시된 스위트 스폿을 치고 들어가 흔한 함정을 피함으로써 행사장을 장악해야 한다. 이 지도를 기억해두면 각종 행사에서 사람들과 관계를 맺을 때 도움이 될 것이다.

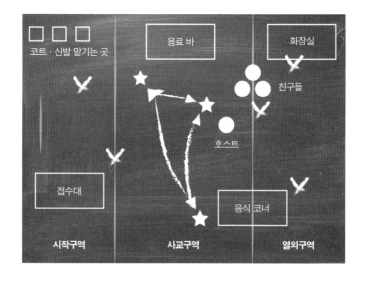

○

기술 2: '내 편'을 찾고 공략하라

내가 가르치는 온라인 보디랭귀지 강의가 입소문을 타기 시작했을 때, 나는 뜻밖의 이메일을 받았다. 그 남자는 정중한 말투로 나에게 강의 중에 정장을 입으라고 말했다(나는 주로 셔츠나 원피스를 입는다). 그 남자는 내가 그다지 전문적으로 보이지 않으며, 정장이 더 많은 학생을 끌어들일 것이라고 말했다.

'처음부터 영상을 다시 찍어야 할까?' 엄청난 충격에서 헤어나지 못한 나는 멘토들에게 조언을 구했다. 멘토 중 한 분이 나에게 되물었다. "왜 그 남자 말을 들어요? 그 남자가 당신의 사람이에요? 당신의 목표는 모든 사람에게 접근하는 게 아니에요. 알맞은 사람에게 접근하는 거지. 그 사람이 당신의 옷 때문에 주의가 산만해진다면, 그건 그가 알맞은 사람이 아니기 때문일 거예요."

이는 나와 내 사업의 터닝 포인트가 되었다. 나는 내 이상적인 학생에 대해 매우 구체적으로 정의 내리기 시작했다. 설문조사와 인터뷰를 봤을 때 내 강의를 수강하는 사람들은 평균 이상의 지성을 토대로 매우 바쁜 스케줄 속에서 성과를 내려는 사람이었다. 내 목표는 이 사람들을 가능한 한 돕는 것이다. 모든 유형의 학생에 맞추는 대신 나는 나에게 맞는 유형의 학생을 대상으로 삼기 시작했다.

'내 고객'을 겨냥하여 팁이 두둑하게 담긴 짧고 이해하기 쉬운 영상을 만들었다. 말이 장황한 영상은 올리지 않았다. 그러자 몇 달도 채 안 돼 우리 사업은 눈덩이처럼 커졌다. 유튜브 채널의 조회 수는 900만 이상으로 불어났고, 트위터 팔로워는 12배 이상 늘어났다. 나는 '내 사람'이 누구인지 정확히 찾은 것이다.

당신의 사람은 누구인가? 내 사람의 강점에 집중하면 그것을 빨리 배울 수 있다. 우리는 모두 인생을 살면서 든든한 지원군이 필요하다. 그러니 누가 당신의 편인지 찬찬히 살펴보자. 다음 질문을 읽고 머릿속에 떠오르는 사람의 이름을 적어보자.

당신은 누구와 시간을 보내는 것이 좋은가?

_____

당신을 웃게 만드는 사람은 누구인가?

_____

당신이 가치 있다고 느끼게 만드는 사람은 누구인가?

_____

당신은 전략을 세워야 할 때 누구를 만나는가?

_____

당신이 가장 만나고 싶은 사람은 누구인가?

_____

위기의 순간에 누구에게 전화하는가?

_____

누구와 있을 때 당신은 최고의 모습이 되는가?

_____

당신이 더 자세히 알고 싶은 사람은 누구인가?

_____

당신이 쓴 답을 들여다보자. 1번 이상 등장한 사람이 있는가? 모임이나 파티에 갈 때 함께하면, 당신이 좀 더 편안한 마음으로 전략을 펼칠 수 있도록 도와주는 사람이 있는가? 그리고 당신의 욕망이 자라나도록 이를 공유할 수 있는 사람이 있는가? 나는 이 사람을 '윙어Winger, 축구경기 중 미드필드 측면인 윙을 돌파해 센터포워드에게 골을 연결시켜주는 역할로 '바람잡이'라는 의미도 있다' 라고 부르겠다. 윙어들의 이름을 아래에 적어보자.

당신의 윙어: _____

한편, 당신이 살면서 더 좋은 관계를 맺고 싶은 사람들이 있을 것이다. 직장 동료일 수도 있고, 새로운 친구이거나 당신의 커리어를 바꿔줄 잠재적인 업무 상대일 수도 있다. 나는 그들을 라이저Riser라고 부른다. 그들의 이름을 아래에 적어보자.

당신의 라이저: _____

당신이 가장 능숙하게 대처할 수 있는 시나리오가 무엇인지, 가장 편안한 포지션은 무엇인지, 그리고 당신이 믿을 수 있는 팀원이 누구인지 알게 되면, 당신은 에너지와 시간을 아낄 수 있다. 당신에게 도움이 될 결정만 내릴 수 있도록 성공 장소를 활용하자. 진정으로 당신을 지지하고, 가치 있다고 느끼게 해주는 윙어와 라이저에게 다가가 기대도록 하자.

진정한 내 사람 얻기

트루먼이 H호에서 어떤 대화를 나누었을지 궁금하다고? 트루먼의 계획은 두 갈래로 구성돼 있었다. 우선, 트루먼은 철도에 대한 자신의 경험을 바탕으로 자신이 잘 아는 주제, 즉 교통에 관해 조사하는 데 골몰했다. 그리고 나서 의회도서관에서 모든 특이사항을 검토하며 시간을 보냈다.

또한 트루먼은 비슷한 흥미와 목표를 가진 사람과 관계를 맺었다. 그의 라이저는 상원의원 버튼 K. 휠러^{Burton K. Wheeler}로, 휠러는 당시 주간통상위원회 의장을 맡고 있었다. 트루먼은 위원회에서 자기가 가진 교통 관련 지식을 과시했고, 휠러와 친분을 쌓기 시작했다. 마침내 휠러가 트루먼을 공식적인 분과위원으로 영입했다. 그리고 머지않아 휠러는 트루먼을 위원회의 부의장으로 앉혔다. 그리고 이 모든 것들 덕분에 트루먼은 백악관에 입성할 수 있었다.

트루먼은 어쩌면 전통적인 카리스마 있는 인물과는 가장 거리가 멀었을지 모른다. 하지만 그는 자신의 기술을 최대한으로 활용하고, 목표를 꼼꼼히 계획했으며, 알맞은 사람들을 공략했다. 내 사람을 얻는다는 건 무엇이 당신에게 효과적일지 설계하는 것에 달렸다.

1 ── 참석하기 싫은 행사는 거절하자.
2 ── 다음번 행사에서는 스위트 스폿에서 '내게 와!'라고 몸짓하는 사람들에게 접근해보자.

내게 와!	내게 오지 마!
음식을 방금 접시에 담았어.	나는 내가 아는 사람들하고만 이야기해.
나는 호스트랑 가까이에 있어.	나는 막 도착했어.
음료수를 새로 받았어.	화장실이 어디 있지?

3 ── 당신의 라이저를 찾아내자.
4 ── 당신의 도전에 동참할 잠재적인 윙어와 손을 잡자.

복습

카리스마에 대한 정의는 단 하나가 아니다. 모든 사람이 외향적이라면 이 세상은 얼마나 정신없고 시끄러울 것인가. 우리는 당신이 필요하다. 당신만의 사교원칙을 활용하고, 당신에게 중요한 사람과만 교류하자. 당신의 신뢰는 전염되리라.

• 원치 않는 인간관계는 이제 그만두자.
• 실패 장소는 피하고 성공 장소로 향하자.
• 거절함으로써 나의 긍정 에너지를 아껴두자.

내가 이번 장에서 얻은 가장 큰 교훈은: _____

_____

_____

_____

마음을 흔들어라

치명적인 '첫인상' 만들기

기대에 가득 찬 관객들이 조용히 자리에 앉아 있다. 관현악단은 이미 무대에 등장해 자리를 잡았고, 설레는 마음으로 악기를 조율하고 있다. 전석이 매진된 하인츠 홀은 2,600여 명의 관객들로 꽉 들어찼다. 모두가 지휘자 아릴 레머라이트^{Arilid Remmereit}가 무대 위에 등장하길 기다리고 있는 중이다.

레머라이트는 원래 이날 예정됐던 인물이 아니었다. 그 사실을 당연히 관객들도 알고 있었고, 오케스트라도 알고 있었으며, 레머라이트도 알고 있었다. 독일의 지휘자 크리스토프 폰 도흐나니 Christophe von Dohnanyi가 공연 며칠 전에 건강이 악화되면서 피츠버그

심포니 오케스트라는 곧바로 대타를 찾아야 했고, 레머라이트가 그 자리에 서게 된 것이다.[1]

훤칠한 키에 에너지가 넘치는 노르웨이인인 레머라이트는 단 며칠 만에 도흐나니의 프로그램을 연구해 처음 호흡을 맞춰보는 오케스트라를 지휘해야 했다. 예정됐던 레퍼토리 가운데 오직 하나만이 레머라이트가 전에 공연해본 적 있는 곡이었다.

레머라이트는 "무대에 나가기 전에 신경이 극도로 곤두서 있었어요. 이 공연을 준비하기 위해 거의 잠도 못 잤어요."라고 고백했다.[2] 레머라이트가 마침내 무대에 나왔을 때 관객들은 숨을 죽인 채 그를 지켜봤다. 강력한 첫인상을 만들기 위해 그에게 주어진 시간은 단 몇 초. 레머라이트에겐 '신뢰를 쌓을 방법을 찾는 것'이 가장 중요했다. 그는 관객들에게 새로운 연주를 보여주겠다는 기대를, 연주자들에게는 자신을 믿고 따르라는 확신을 주어야 했다.

뉴욕타임스 평론가 제임스 R. 외스트리치 James R. Oestreich 는 이렇게 상황을 묘사했다. "레머라이트는 마치 주눅 든 학생 같은 모습으로 지휘대에 올랐다. 그러나 일단 그곳에 서자 그는 분명하고도 과감한 손동작으로 완전한 자신감을 드러냈다."[3]

레머라이트는 오케스트라를 이끌고 바그너의 〈지그프리트의 목가〉를 환상적으로 풀어냈다. 이어 슈만의 교향곡 제4번이 역동적으로 펼쳐졌다. 마지막 곡으로 브람스의 피아노 협주곡 제2번이 연주됐다. 앙코르곡은 쇼팽의 왈츠였다. 관객들은 열광했다.

흡입력 넘치는 레머라이트의 공연에 관한 소문은 쫙 퍼져나갔다.

피츠버그 심포니 오케스트라는 재빨리 레머라이트와 재계약에 들어갔다. 레머라이트는 훗날 이렇게 말했다. "음악가들은 새로운 지휘자가 잘하는지 못하는지 5분 만에 파악하죠."[4] 그 첫 5분간 레머라이트는 무슨 일을 한 것일까?

당신의 '직감'은 꽤나 정확하다

보자마자 친구가 되리라는 걸 단 몇 초 만에 알게 된 사람이 있는가? 정확히 이유는 알 수 없지만 준 것 없이 미운 누군가를 만나본적 있는가? 우리는 누군가를 처음 만난 지 몇 초 만에 그 사람을 좋아할지, 믿을지, 아니면 인연을 맺을지 결정한다.[5] 그러나 스스로의 첫인상에 대해서는 그리 깊게 생각해보지 않는다. 그리고 생각해보더라도 어떻게 하면 더 좋은 첫인상을 만들 수 있을지에 대해 잘 모른다. 그래서 우리는 무엇을 말할지 연습하고, 재치 있는 농담을 준비하며, 첫 순간이 잘 지나가길 희망한다.

하버드대학교 심리학자 날리니 앰바디Nalini Ambody와 로버트 로젠탈Robert Rosenthal은 우리의 순간적인 판단이 지닌 힘을 시험해보고 싶었다. 이들은 교수에 대한 학생들의 인식을 살펴보기로 했다.[6] 앰바디와 로젠탈은 실험참가자들에게 교수들이 수업하는 모습을 무음

처리한 10초짜리 영상을 보여줬다. 실험참가자들은 따뜻함, 낙천성, 전문성 등을 포함한 15가지 항목들에 점수를 매겼다. 이 평가자들은 비언어적인 것에만 의존해 판단해야 했다.

앰바디와 로젠탈은 그 결과를 보고 영상의 길이를 줄였을 때 점수에 변화가 있을지 궁금해졌다. 그래서 영상을 10초에서 5초로 줄였다. 점수는 변하지 않았다. 다시 영상을 5초에서 2초로 줄였다. 여전히 점수는 변하지 않았다. 앰바디와 로젠탈은 우리가 누군가를 만난 지 첫 2초 만에 순간적인 판단을 내리며, 이 판단은 거의 바뀌지 않는다고 결론을 내렸다. 우리는 그 사람이 말하는 걸 듣기도 전에 그 사람을 좋아할지, 싫어할지 결정하는 것이다. 그리고 무서운 건, 우리가 꽤나 정확하다는 것이다!

이 연구결과에서 가장 흥미로운 부분이다. 실험에서 각 영상에 매겨진 점수들과, 1학기 동안 영상에 나온 교수들로부터 수업을 들은 학생들이 매긴 점수를 비교했더니, 놀라울 정도로 흡사했다. 2초짜리 영상에서 낮은 점수를 받은 교수들은 수업을 들었던 학생들로부터 마찬가지로 낮은 점수를 받았다.

학생들은 교수가 강의실에 걸어 들어오면 첫 몇 초 만에 그 교수가 유능한지 결정한다. 레머라이트가 무대에 올랐을 때도 똑같은 일이 벌어졌다. 그리고 당신이 어떤 장소에 들어섰을 때도 마찬가지다.

첫인상 레벨 업!

첫인상은 생존 메커니즘이다. 새로운 사람을 만났을 때 당신은 그 사람을 인생에 끌어들일지 말지 재빨리 결정해야 한다. 이는 첫인상이 그토록 신속하고 단호하게 만들어지는 이유다. 우리는 상호작용이 이뤄지는 첫 몇 분 동안 이 사람을 신뢰할 수 있는지 확인하기 위해 무의식적으로 3단계 질문을 거친다.

- 1단계: 친구인가? 적인가?

  이는 잠재의식 속에서 이뤄지는 점검이다.
- 2단계: 승자인가? 패자인가?

  누군가를 처음 만날 때, 우리는 상대의 자신감을 재빨리 재본다. 이 사람이 지도자처럼 보이는지, 아니면 추종자처럼 보이는지를 말이다.
- 3단계: 동맹인가? 적군인가?

  상대를 내 편에 끌어들일지 결정한다. 우리의 뇌는 상대가 내 편이 되어줄 정도로 나에게 호의적인지를 알고 싶어 한다.

이 3가지 질문에 긍정적으로 답했을 때, 우리는 그 사람의 첫인상을 높이 평가하고 더욱 믿게 된다. 낯선 이는 지인이 되고, 지인은 친구가 된다. 잠재고객은 고객이 되고, 고객은 마니아가 된다. 이러한 현상은 연설자가 수많은 청중들 앞에 섰을 때 더욱 극명해진다.

테드^{TED} 토크 중 리더십 관련해서 유명한 영상 2개가 있다. 사이먼 사이넥$^{Simon Sinek}$의 '위대한 리더들이 행동을 이끌어내는 방법'과 필즈 위커-미우린$^{Fields Wicker-Miurin}$의 '존재하지 않는 리더십 설명서로부터 배운 것'이다(디지털보너스 수록). 두 강연은 각 영역에서 존경받는 리더들의 것이며, 둘 다 18분 정도 길이다. 그러나 여기엔 차이점이 있었다. 사이넥의 강연은 250만에 가까운 조회 수를 기록했지만, 위커-미우린의 강연은 고작 72만 정도에 그쳤다. 왜 이런 커다란 격차가 발생했을까? 나는 이를 알아보기 위해 재밌는 실험을 해보았다.

첫 번째 집단에게 두 강연 전체를 시청한 후, 신뢰성, 카리스마, 이해도, 전반적인 퍼포먼스에 대해 점수를 매기도록 했다. 참가자들이 선입견을 갖지 않도록 조회 수를 비밀로 했고, 이전에 그 강연들을 본 적 없다는 것을 확인했다. 그다음 두 번째 집단에게 동일한 강연들을 7초만 보여줬다. 결과는 어땠을까? 점수에서 큰 차이가 발견되지 않았다. 단 7초 만에 이 테드 토크 강연을 좋아하게 되리라는 걸 결정한 것이다. 인기 강연자들은 그 짧은 시간 동안 어떻게 신뢰의 3단계 질문을 모두 거친 것일까?

우리는 높은 조회 수와 낮은 조회 수를 기록한 영상 간의 차이를 찾기 위해 수백 시간 분량의 테드 강연을 분석했다. 손의 움직임을 숫자로 기록하고, 목소리의 변화, 미소, 그리고 몸의 움직임을 기록했다. 여기서 패턴이 발견됐다. 첫인상을 좌우하는 것은 '무엇을 말하는지'가 아니라, '어떻게 만드는지'에 달려 있었다. 최고의 강연자들은 주제를 꺼내놓기도 전에 청중들과의 관계를 레벨 업시킨다. 그 전략은 다음과 같다.

전략 2

비언어적인 방법으로 신뢰를 끌어내라

레머라이트와 최고의 테드 강연자들이 사용한 비언어적 기술 3가지를 소개한다.

○

기술 1: 두 손이 잘 보이게 드러내라

최고의 테드 강연자들은 청중들과 즉각적으로 신뢰를 쌓기 위해 매우 구체적인 메커니즘을 사용한다. 바로 손짓이다.

- 인기 없는 강연자들은 손짓을 평균적으로 272번 사용했다.
- 인기 많은 강연자들은 손짓을 평균적으로 465번 사용했다.
- 사이먼 사이넥, 템플 그랜딘^{Temple Grandin}, 제인 맥고니걸^{Jane McGonigal}은 18분 동안 손짓을 600번 이상 사용함으로써 인기 차트 상

위권을 차지했다.

이 효과는 테드 강연자에게만 한정되는 것이 아니다. 한 연구에 따르면 면접에서 더 많은 손짓을 사용한 구직자가 합격할 가능성이 높다고 한다.[7] 손짓은 왜 그토록 큰 영향력을 지녔을까? 우리는 손에서 '의도'를 읽기 때문이다.

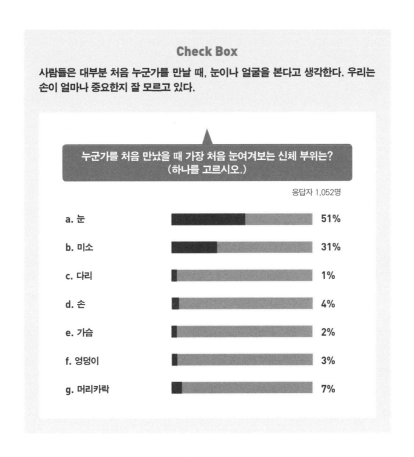

Check Box

사람들은 대부분 처음 누군가를 만날 때, 눈이나 얼굴을 본다고 생각한다. 우리는 손이 얼마나 중요한지 잘 모르고 있다.

누군가를 처음 만났을 때 가장 처음 눈여겨보는 신체 부위는?
(하나를 고르시오.)

응답자 1,052명

a. 눈	51%
b. 미소	31%
c. 다리	1%
d. 손	4%
e. 가슴	2%
f. 엉덩이	3%
g. 머리카락	7%

사람들은 상대의 손을 볼 때 더 편안해하고, 친근함을 느낀다. 어느 장소에 들어서거나 누군가를 만나려고 기다릴 때 당신의 손을 눈에 띄게 드러내라. 주머니에 손을 넣는 건 인간관계의 살인이나 마찬가지다. 책상, 지갑, 노트북으로 당신의 손을 가리지 않도록 하자.

손의 중요도를 알았다면, 이제는 완벽한 악수를 청할 차례다. 악수는 낯선 이를 만났을 때 서로 손과 손을 맞대도 괜찮을 만큼 안전한 사람이라는 걸 확인하는 행위다. 그러나 모든 악수가 똑같은 건 아니다. 훌륭한 악수를 하기 위해 알아야 할 매너가 있다.

- 뽀송뽀송한 손바닥: 끈적끈적한 악수는 최악이다. 손바닥에 땀이 찬다면, '냅킨 쥐기' 기술을 활용해보라. 모임에 도착했을 때 바에서 음료를 주문하고, 그 잔을 냅킨으로 감싼다. 이것을 오른손으로 들고 있으면, 악수하기 전에 냅킨이 땀을 흡수한다.
- 엄지를 수직으로 세우기: 엄지손가락이 위를 향하도록 손을 수직으로 세운다. 손바닥이 보이게 내미는 것은 비언어적으로 순종이나 나약함을 나타낸다. 또한 손바닥이 아래로 향하도록 내밀어서 상대방의 손바닥이 위를 향하도록 만드는 건 지배와 통제의 행위로 보일 수 있다.
- 단단하게 쥐기: 복숭아가 잘 익었는지 보려고 손에 쥐어본 적 있는가? 사람마다 '단단함'에 대한 생각이 조금씩 다르기 때문

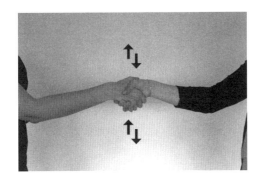

에 악수할 때 이 느낌을 참고해보자. 과일가게에서 복숭아를 고를 때는 약간 저항이 느껴지는 순간까지만 눌러봐야 한다. 잘 익은 복숭아라면 금세 쑥 들어가버리니 조심해야 한다. 아직 복숭아가 딱딱하다면 꽤 꽉 쥐어도 멍들지 않을 것이다. 사람도 마찬가지다. 근육이 긴장하는 게 느껴질 때까지 상대방의 손을 쥐다가 멈추자. 그리고 제발 손을 축 늘어지게 내밀지 말자. 이는 관계에 치명적이다(디지털보너스 수록).

처음 만나는 사람, 특히 좋은 관계를 맺어야 할수록 절대로 악수를 빼먹지 말자. 왜냐고? 누군가와 살을 맞대는 순간 우리 몸은 옥시토신이라는 친밀함의 호르몬을 만들어내기 때문이다. 누군가와 악수하면 상대와 신뢰를 돈독히 하고, 더 깊은 인연을 맺을 수 있다.

기술 2: 승자처럼 보일 것, 승자처럼 사귈 것

전문가들이 잠재적 고객으로부터 신뢰를 얻고 싶을 때
가장 영향력을 발휘하는 요인은?

a. 사람들로부터 인정받고 증명된 전문가가 된다.

b. 높은 수준의 자신감을 보인다.

c. 자신의 영역에서 고급 전문지식을 발휘한다.

d. 명망이 있고 존경받는 사람이다.

답이 무엇이라고 추측했는가? 만약 "b"라고 생각했다면 정답이
다! 카네기멜론대학교에서 실시한 연구에 따르면 전문가의 자신감
은 그 사람의 명성이나 기술, 또는 경력보다 더 중요하다.[8] 그렇다
면 자신감은 왜 그렇게 중요한가? 인간은 끊임없이 승자를 찾기 때
문이다. 승자란, 성공할 가능성이 높은 사람을 뜻한다. 승자가 우리
팀이길 바라고, 승자와 인연 맺기를 좋아한다. 그리고 승자가 우리
를 이끌길 원한다. 그렇다면 승자는 어떻게 생겼는가?

심리학자 제시카 트레이시Jessica Tracy와 데이비드 마츠모토David
Matsumoto는 보편적인 '승자의 행동'과 '패자의 행동'이 알고 싶어졌
다. 특히, 이들은 사람들이 성공과 실패에 어떻게 반응하는지 살펴
봤다. 이를 위해 올림픽 선수들이 경기에서 이기거나 진 후, 어떻게
행동하는지 비교해봤다. 정상시력을 가진 선수들과 후천적 시각장

애인 선수, 그리고 선천적 시각장애인 선수가 시합 후에 자랑스러움과 부끄러움을 같은 방식으로 드러냈을까?

답은 '그렇다'. 참담한 패배로 고통받는 선수의 모습을 한 번도 본 적 없는 선천적 시각장애인 선수들조차 다른 선수들과 똑같은 몸짓을 하고 있었다.[9] 일반적으로 승자들은 신체적으로 가능한 한 많은 공간을 확보하려 한다. 보통 우리가 '파워 포즈Power Posing'라고 부르는 이 행동은 가슴을 넓게 펴고, 고개를 쳐드는 것이다. 패배한 선수들은 가능한 한 작은 공간을 차지하려 한다. '로우 파워 포즈Low Power Posing'로 알려진 이 행동은 보통 고개를 숙이고, 어깨를 축 늘어뜨리며, 두 팔을 옆구리에 바짝 붙이는 걸 의미한다.

선수들이 본능적으로 동일한 몸짓을 사용한다는 사실은 우리 내면에 승리와 패배를 널리 알리는 비언어적인 방법이 프로그램화되어 있다는 걸 보여준다. 하지만 그 이유는 무엇일까? 트레이시와 마츠모토는 사회적 신호로서 자랑스러움과 수치심이 분명 영향을 미치며, 우리가 나 자신과 다른 사람들을 판단할 때 사용하는 정보를 풍부하게 해준다고 주장한다.

그런데 전통적인 승자의 자세는 일상에서 약간 과하다는 느낌을 준다. 당신이 회의실이나 데이트 장소에 마치 결승선에 들어오는 듯한 태도로 달려드는 건 이상해 보인다. 대신에 '출동자세'를 권한다. 이는 승자의 자세에서 아주 약간 힘을 뺀 모습이다. 사람들과 이야기를 나눌 때 출동자세를 해보자.

- 어깨를 내리고 뒤로 젖힌다.
- 턱과 가슴, 그리고 이마를 정면이나 살짝 위를 향하게 한다.
- 팔과 상체 사이에 공간을 남긴다.
- 두 손이 상대방 눈에 보이는지 확인한다.

스마트폰을 들여다볼 때 의도치 않게 패자의 몸짓을 취하는 경우가 있다. 머리를 수그리고, 두 팔은 가슴 앞쪽으로 교차해 양쪽 옆구리에 단단히 붙였으며, 어깨가 축 늘어진다. 고객을 기다리는 동안이나 회의에 들어가기 전 우리는 보통 무엇을 할까? 스마트폰을 들여다본다. 중요한 약속 전에는 동료와 수다를 떨거나, 대기실을 차분히 돌아보거나, 신문을 읽자. 휴대전화를 보고 싶다면 승자처럼 보자.

○

기술 3: 인연을 시작하려면 눈을 맞추어라

누군가가 신뢰할 만하고 승자라고 판단되면, 우리는 그 사람이 내 편이 되어줄지 알고 싶어진다. 구체적으로 우리는 3가지 질문으로 동맹 의지를 확인한다. 이 사람이 나를 좋아하는가? 이 사람은 내 의견을 존중해줄까? 이 사람은 내 편이 되어줄까?

테드 강연자들은 대부분 첫 두 단계를 무난하게 통과한다. 이들은 손짓으로 자기가 믿을 만한 사람이라는 걸 드러내고, 넓은 보행으로 신뢰를 끌어모으려 한다. 그러나 대부분은 어떻게 해야 청중 개개인에게 '내 편'이라는 느낌을 줄 수 있을지 모른다. 이들은 카메라를 보거나 슬라이드를 보고 말하지, 청중 한 명, 한 명에게 말을 건네지 않으니까.

최고의 테드 강연자들은 사랑이 넘치는 엄마가 자식을 대하듯 청중들을 대한다. 이들은 청중들 가운데 특정 얼굴들을 바라보며 아이콘택트를 하고, 그들에게 곧바로 이야기를 건넨다. 그리고 강연장의 청중들은 모두 자신이 진정으로 중요한 사람이라는 느낌을 받게 되고, 그 강연자와 함께 슬라이드를 넘기고 발표한다고 느낀다. 입소문을 탄 테드 토크 강연자는 청중'에게' 말하는 것이 아니라 청중'과' 이야기를 나눈다.

첫 몇 초 동안 수줍음 때문에 먼 산을 쳐다보고 싶은 충동을 극복하는 것이 중요하다. 어쩌면 아이콘택트를 너무 많이 하게 될까 봐 걱정될 수도 있다. 얼마큼의 아이콘택트가 이상적일까? 앞서 PQ 지수 테스트에는 다음과 같은 질문이 있었다.

> 사람들은 대화하는 동안 평균적으로 얼마큼 눈을 마주칠까?
>
> a. 31%
>
> b. 51%
>
> c. 61%
>
> d. 91%

서양인들은 대화를 나눌 때 평균적으로 61%가량의 시간 동안 아이콘택트를 하는 경향이 있다. 말하는 동안에는 41%의 비율로 아이콘택트를 하고, 듣고 있는 동안에는 75% 비율로 아이콘택트를 한다.[10] 다음에 누군가와 이야기를 나눌 때, 다음 사항을 기억해 두도록 하자.

- 상대방의 눈 색깔에 주목하자.
- 상황을 살피기 위해 상대방의 등 너머를 넘겨보지 말자.
- 함께할 때 60~70%의 시간 동안 아이콘택트를 하자.

말없이 존재감을 드러내는 법

불안감을 완전히 떨친 상태여야 훌륭한 첫인상을 남길 수 있다고 생각한다. 틀렸다. 브레네 브라운Brene Brown은 조회 수가 많은 테드 강연자 가운데 하나다. 브라운은 회상했다. "제 커리어에서 가장 불안했던 경험은 롱비치에서 열린 강연이었어요. 사회적으로 성공한, 높은 기대치를 가진 청중들 앞에서 강연해야 했죠. 제가 정말 긴장했던 건 이 강연이 녹화된다는 공포뿐만 아니라, 제가 행사 전체에서 마지막 연사였다는 거예요."

그러나 브라운은 마치 챔피언처럼 무대를 접수했다. 어깨를 당당히 펴고 두 손을 드러냈다. 그리고 자기가 청중들을 볼 수 있는지 확인했다. 브라운은 말했다. "무대에 올라가서 가장 먼저 한 일은 청중들과 아이콘택트를 한 거였어요. 저는 무대 연출자들에게 객석 조명을 밝혀서 제가 사람들을 볼 수 있게 해달라고 요청했죠. 저는 그들과 연결되어 있다는 느낌이 필요했어요."[11]

최고의 테드 강연자들이나 레머라이트와 마찬가지로, 당신은 청중에게 비언어적으로 '나를 믿어도 좋아. 나는 승리할 방법을 알지. 당신을 돕기 위해 내가 여기 있는 거야.'라는 걸 보여줌으로써 첫 몇 초를 소중히 활용할 수 있게 된다. 이게 바로 우리가 기억에 남는 첫인상을 주는 법이다.

도전과제

1 ___ 믿을 만한 친구나 동료로부터 악수 검사를 받아보자. 당신이 바르게 손을 쥐는지 확인하기 위해 정직한 피드백을 요청하자.
2 ___ 다음 만남에서는 출동자세를 활용해보자. 차이점이 느껴지는가?
3 ___ 사람들과 만날 때 60~70%의 시간 동안 아이콘택트를 유지하는 걸 연습해보자.

복습

치명적인 첫인상을 만들기 위해서 주어진 시간은 단 몇 초뿐이다. 이 시간을 최대한 활용해 상대의 마음을 흔들어보자.

- 두 손을 드러내 상대에게 믿음을 주자.
- 출동자세를 갖춰 승자가 되자.
- 적절한 횟수의 아이콘택트를 사용하자.

내가 이번 장에서 얻은 가장 큰 교훈은: _____

_____

_____

_____

_____

_____

_____

_____

스파크를 일으켜라
마음을 빼앗는 대화법

콜롬비아의 수도 중심부에는 보물이 숨겨져 있다. 그리고 제페르 카리요 토스카노Jeffer Carrillo Toscano는 보물사냥꾼이다. 제페르는 그의 뒤를 부지런히 좇는 우리를 향해 말했다. "눈을 똑바로 뜨셔야 해요. 여기저기에 다 있거든요." 우리는 좁다란 계단을 올라 첫 발견과 마주했다.

우리가 찾고 있는 게 뭐냐고? 바로 그래피티다. 창문과 창문 사이에 아름다운 예술작품이 숨어 있었다. 기도하거나 비를 기다리는 듯 하늘을 올려다보고 있는 한 원주민 여성의 초상이었다(디지털보너스 수록). 나는 숨이 멎는 듯했다.

제페르는 거리를 계속 지나치며 내가 지금까지 눈여겨보지 못했던 그림들을 짚어냈다. 배수관 옆에 그려진 초상화, 대문 구석에 그려진 버섯, 파티오 곁에 그려진 벌새 같은 것들이었다. 제페르는 걷고 말하면서 시종일관 사람들이 흥미를 느끼는지 살폈다. 그는 사람들이 언제 어디서 사진을 찍고, 누가 "어머나!" 하고 반응하며, 누가 지루해 보이는지 적었다.

거리를 거니는 틈틈이 그는 기억력 게임을 하며, 사람들의 이름과 출신지를 연결 지었다. 그리고 26명의 이름을 모두 외웠다. 무엇 때문에 사람들이 자신의 그래피티 여행에 참가했는지, 여행객으로서는 이런 흔치 않은 선택을 왜 했는지 알고 싶어 했다.

그는 여행에 참가한 한 사람, 한 사람과 관련 있는 것들을 찾아냈다. 한 여성은 남미 우림을 보호하는 단체에서 일하고 있었다. 그녀를 기쁘게 해주기 위해 제페르는 콜롬비아의 우림을 묘사하고 있는 커다란 벽화 앞으로 그녀를 데려갔다.

제페르는 자기도 모르게 인간행동의 기본원칙을 활용하고 있었다. 바로 '스파크'를 일으킨 것이다. 관심을 사로잡는 그의 능력 덕분에 그가 이끄는 보고타^{Bogota} 그래피티 여행은 트립 어드바이저^{Trip-Advisor}에서 2번째로 인기가 높은 활동이 되었다. 또한 〈뉴욕타임스〉는 보고타에서 머무를 수 있는 시간이 오직 36시간 밖에 없을 때 꼭 봐야 할 광경으로 이를 꼽았다.

시선을 확 끌어당기는 비밀

우리는 평소 소소하게 수다를 떤다. 그 대화는 기억에 남지 않는다. 왜냐하면 자극적이거나 흥분되는 이야기가 아니기 때문이다. 우리가 스몰토크Small Talk를 나누는 동안 대부분 에너지 레벨은 다음과 같다.

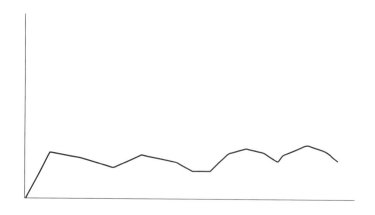

스몰토크는 그저 흘러간다. 무슨 이야기인지는 고사하고 상대방의 이름이나 기억하면 다행이다. 따라서 나는 빅토크Big Talk를 소개하고 싶다. 빅토크는 기대를 가지고 출발해 대화가 매끄럽게 굴러간다. 웃음이 터지고 정점을 찌른다. 대화가 점점 더 좋아진다. 이때의 에너지 레벨은 다음과 같다.

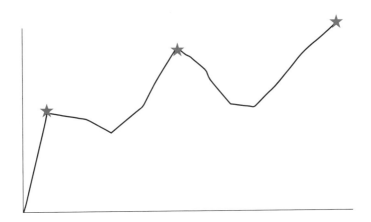

홀륭한 대화는 우리의 기분을 들뜨게 만들고, 다시는 스몰토크를 할 필요가 없길 바라게 만든다. 빅토크는 대화의 규칙을 바탕으로 수다의 현상 유지에 도전하며, 구태의연한 인삿말을 피하는 것을 의미한다.

배꼽이 빠지는 빅토크를 찾아서

우리가 빅토크를 사랑하는 이유는 뾰족하게 솟은 봉우리들 덕분이다. 최고의 대화는 에너지와 흥분으로 점철된 특별한 충격들로 만들어진다. 앞선 빅토크의 에너지 레벨에서 별 표시가 된 곳들을 나는 스파크라고 부르려고 한다.

기억에 남는 대화를 하려면 '도파민'을 이용하라

기억에 남는 대화를 나눠본 적 있는가? 머릿속으로 가장 재밌었던 부분을 곱씹어본 적 있는가? 이는 대화를 나누는 동안 스파크가 일어나면서 우리의 기분이 좋아졌기 때문이다.

머릿속 스파크는 바로 도파민이다.[1] 도파민은 우리가 즐거움을 느낄 때 소뇌의 편도체에서 분비되는 신경전달물질이다. 당신이 한 가게에 들어섰는데, 점원이 당신에게 "이건 공짜 샘플이에요!"라고 말할 때 느끼는 즐거움에 대해 생각해보자. 이 흥분되는 기분이 바로 순수한 도파민이다.

재미있는 것은 도파민이 당신의 기억력에 도움을 준다는 것이다. 분자생물학자 존 메디나John Medina 박사는 "도파민은 '기억할 것!'이라고 쓰인 포스트잇과 같습니다."라고 말했다.[2] 즉, 기억에 남는 대화를 위해선 화학적 즐거움을 유도하는 것이 핵심이다. 이는 상대방에게 더 많은 즐거움을 줄 뿐 아니라, 당신을 더욱 기억에 남게 만든다. 그렇다면 어떻게 도파민을 분비시킬 수 있을까? 스몰토크를 빅토크로 바꾸는 3단계 전략이 있다.

○

1단계: '신선한' 화두를 던져라

신경생리학자 니코 번젝Nico Bunzeck 박사와 엠라 듀젤Emrah Düzel 박사는 '괴짜실험'이라는 연구를 진행했다.[3] 연구자들은 실험참가자들에게 일련의 이미지들을 보여주면서 이들의 뇌를 fMRI기능적 자기공명영상로 촬영했다. 이미지들은 대부분 같은 얼굴과 풍경을 담고 있었다. 하지만 간헐적으로 '괴짜' 이미지가 들어가 있었다.

참가자들이 각 이미지를 볼 때 뇌의 각 구역에서 혈류량을 측정한 결과, 괴짜 이미지들이 뇌에서 '새로움을 관장하는 영역', 즉 중뇌의 흑질과 북측 피개영역을 활성화시킨다는 것을 발견했다. 새로움이 뇌에 중요한 이유는 다음과 같다.

- 기억력과 학습: 괴짜 이미지는 해마의 영향을 받는 영역을 활성화시킨다. 해마는 학습과 기억력을 관장하는 부위다.
- 기쁨: 새로움을 관장하는 영역은 편도체 내에서 도파민이 흐르는 길과 연결되어 있다. 편도체는 뇌의 하반부 근처에 자리하고 있는 아몬드 모양의 신경핵 집합체. 새로운 아이디어와 주제는 이 영역에서 도파민을 공급해 우리의 기분을 좋게 한다.
- 흥미: 신선한 주제로 대화를 나누다 보면, 상대방에 대해 더 알아가고 싶어진다. 듀젤 박사는 "우리는 뭔가 새로운 걸 보게 되면, 거기서 얻을 수 있는 게 있지 않을까 생각하죠. 새로운 것

에 숨어 있는 가능성 때문에 주변을 탐험하게 됩니다."라고 설명한다.[4]

신선한 화두를 던지면, 사람들과 기억에 남는 대화를 할 가능성이 높아진다. 몇 년 전, 나는 어떤 화두가 사람들의 관심을 끄는지 실험하기 위해 300명 이상을 무작위로 모집했다. 참가자들은 각각 의자에 앉아 미리 준비돼 있던 카드 7장을 받았다. 서로 다른 대화 스파크가 적혀 있었고, 점수를 쓸 수 있는 공간을 마련해두었다.

참가자들이 3분 동안 대화하게 했고, 그들이 나눴던 대화의 질에 서로 점수를 매기게 했다. 지겨웠으면 1점, 훌륭했으면 5점이었다. 다음은 실험에 주어졌던 7가지 화두다. 높은 점수를 받은 대화 스파크는 무엇이었을까? 반응이 좋았던 순서대로 소개한다.

- "오늘 가장 좋았던 일은 뭐예요?"
- "당신이 열정적으로 추구하고 있는 일은 무엇인가요?"
- "인생을 살면서 신났던 일이 있었나요?"
- "당신의 이야기를 좀 들려줄래요?"
- "왜 여기 오셨나요?"
- "무슨 일을 하세요?"
- "안녕하세요?"

우리가 가장 흔히 쓰는 "무슨 일을 하세요?"와 "안녕하세요?"는 가장 지겹다고 평가받았다. 그런데도 왜 우린 계속 그 말들을 쓰는 걸까? 쓰기 편하기 때문이다. 그러나 계속 사용한다면 스몰토크의 지옥에 갇히게 된다. 다음은 대화할 때 '피해야 할 말'과 '바꿔서 하면 좋은 말'을 정리한 것이다.

피해야 할 말	바꿔서 하면 좋은 말
일은 어때요?	최근 재미있는 프로젝트를 하고 있는 게 있나요?
잘 지내시죠?	오늘 가장 좋았던 일은 무엇인가요?
무슨 일을 하세요?	개인적으로 열정을 바치는 일이 있나요?
가족들은 잘 지내요?	곧 휴가 가시나요?
어디서 오셨어요?	당신의 이야기를 좀 들려주실래요?
어떻게 지내세요?	이번 주말에는 뭐하세요?
요즘 바쁘셨어요?	뭐 하면서 긴장을 푸세요?

새로움은 일대일 대화에서만 도움이 되는 것이 아니다. 온라인과 오프라인에서 이뤄지는 상호작용에서도 스파크를 더한다. 오케이큐피드OkCupid는 3,500만 명 이상의 회원이 활동하는 데이트 웹사이트다. 이 사이트는 어떤 화두가 성공적인 데이트로 이어지는지 알아보기 위해 웹사이트에서 이루어지는 활동을 분석한 데이터를 보유하고 있다.[5]

전형적인 "헬로Hello", "안녕Hi", "저기요Hey"라는 말은 다이렉트 메시지에서 답변을 받을 가능성이 끔찍할 정도로 낮았다. "안뇽Howdy", "올라Hola. 스페인어로 '안녕'이라는 뜻", 심지어 "어이Yo"가 더 나았다. 인사

말이 다소 허물없고 예의에서 벗어났더라도 효과를 발휘했다. 스파크를 일으킨 것이다.[6]

○

2단계: 버튼을 눌러라

대화에서 높은 점수를 받을 수 있는 방법은 누군가의 핫 버튼^{Hot} ^{button}을 찾아내는 것이다. 핫 버튼이란 상대의 정신을 번쩍 들게 만드는 주제나 활동을 의미한다. 상대방이 다음과 같이 반응할 때 당신이 제대로 핫 버튼을 눌렀다는 걸 알게 된다.

- 머리를 위아래로 끄덕인다.
- "아, 그렇지."라고 웅얼거리며 동의를 표한다.
- 더 자세히 듣기 위해 상대를 향해 몸을 기울인다.
- 평소보다 더 긴 이메일 답장을 보낸다.
- "와!", "헐!", "아이고", "앗" 같은 감탄사를 던진다.
- "짱이에요!", "재미있네요.", "얘기를 좀 더 해주세요!" 같은 말을 한다.
- 눈썹을 들어 올리거나, 웃으면서 더 격한 동작을 취한다.

이러한 관심의 신호를 포착할 때 당신은 방금 도파민을 생성하는 스파크를 일으킨 것이다. 구체적인 흥미를 유발하는 스파크를 사용함으로써 핫 버튼을 누르는 주제를 찾을 수도 있다. 나는 다음 질문들 가운데 잠재적인 핫 버튼들을 굵은 글씨로 표시했다.

- "**핸드메이드 지갑**을 갖고 계신 게 눈에 띄었어요. 직접 만드신 건가요?"
- "당신의 **책장**을 잠깐 보고 있었어요. 독서 취향이 정말 좋으세요!"
- "예쁜 이름이네요. 어디 **성씨**姓氏세요?"
- "페이스북에 **강아지** 사진 예쁜 걸 많이 올리셨더라고요. 어떻게 강아지를 입양하게 되셨어요?"

상대방의 눈이 반짝이는 순간 당신은 막 핫 버튼을 누른 것이다. 이때 더 자세한 것들을 물어보고, 더 깊이 파고들면 된다. 이것이 더 훌륭한 대화를 만들고, 더 많은 도파민을 분비시키며, 상대방의 머리에 당신을 각인시킨다. 직접 만나서든, 이메일을 통해서든, 통화에서든, 흥미의 스파크를 일으키는 가장 쉬운 방법은 핫 버튼을 찾는 것이다.

○

3단계: 사람들은 약간의 독특함에 마음을 빼앗긴다!

대화 스파크와 핫 버튼은 사람들의 주의를 환기시키기 위해서도 사용할 수 있다. 1994년 3명의 연구자들은 연기자를 고용해서 길에서 돈을 구걸하게 했다. 방법은 3가지였다.

"잔돈 좀 빌려주실 수 있나요?"
"25센트만 빌릴 수 있나요?"
"37센트만 빌릴 수 있나요?"

어떤 질문이 가장 성공적이었을까? 37센트를 빌린 연기자에게 가장 많은 사람이 도움을 주었다. 각 대사는 순서대로 44%, 64%, 75%의 반응을 이끌어냈다. 연구자들은 살짝 비정상적이거나 놀라운 요청이 흥미를 자극한다는 걸 발견했다.[7] 이는 머릿속에서 커피가 하는 역할과 마찬가지다. 독특한 질문, 기대치 못한 이야기, 흔치 않은 존재는 우리가 정신을 바짝 차리고 대화에 임하게 만든다. 즉, '차별성'은 사람들을 깨운다.

아주 약간만 독특함을 갖추는 건 쉽지 않다. 내가 대화에 독특한 스파크를 활용하기 전, 나는 내 웹사이트에서 이를 실험해보았다. 예를 들어, 웹사이트는 대부분 "여기를 클릭하세요!", "이 링크를 통해 방문해보세요."라고 말하지만 나는 독특한 걸 해보기로 했다.

여기를 클릭하지 마세요

내 웹사이트에서 가장 방문자 수가 많은 페이지 중 하나다. 단순히 독특하다는 이유 하나 때문이었다. 어느 정도 용기를 얻게 되자, 나는 자기소개에 스파크를 더할 수 있는지 궁금해졌다. 예전에 나는 이렇게 자기소개를 했다. "저는 작가예요."

몹시 지루하다. 나는 나만의 잔돈 빌리기 실험을 해보기로 결정했다. 내 직업을 소개하는 방법을 3가지 버전으로 준비했고, 각 버전마다 다른 이메일 주소가 쓰인 명함을 만들었다.

"저는 작가예요."
"저는 사람에 대한 글을 써요."
"저는 인간행동 탐구가예요."

사람들이 "무슨 일을 하세요?"라고 물을 때마다 나는 이 가운데 한 버전으로 대답했고, 상대방이 요구하면 명함을 주었다. 나는 내가 어떤 명함을 건넸는지 기록했고, 어떤 이메일로 연락이 가장 많이 왔는지 추적했다.

"저는 작가예요."라는 소개에는 사람들이 그다지 명함을 요청하지 않았고, 행사가 끝난 후에도 굳이 연락하지 않았다. "나는 인간행동 탐구가예요."라는 내 소개에는 상대방이 웃음을 터뜨리며 명함을 달라고 부탁했다. 심지어 나는 명함에 독특한 이미지와 글을 넣는 실험을 했고, 이러한 명함은 언제나 더 좋은 피드백과 더 많은 고객을 끌어모은다는 걸 발견했다.

바네사 반 에드워즈
인간행동 탐구가

    나는 사람들의 흥미를 돋우기 위해 '놀라움'의 요소를 사용하는 걸 좋아한다. 나는 종종 내 명함과 함께 "엿 먹지 않는 법을 배우세요^{Learn how not to suck}."라고 쓴 막대사탕을 건넨다. 사람들이 내 사무실을 방문하면 커피 대신 코코아를 대접한다. 나는 사람들에게 꽃 대신 공기정화용 식물인 에어플랜트^{air plant}를 보낸다.

    인생의 다양한 영역들에 어떻게 생기를 불어넣을 수 있는지 생각해보자. 그러면 당신은 마주하는 사람들에게 도파민을 분비시키는 수많은 순간을 선사할 수 있게 된다. 다시 말하지만, 이를 위해선 약간의 용기가 필요하다. 하지만 약간의 독특함은 당신의 대화, 회의, 파티, 그리고 SNS를 충만하게 만들어준다. 다음은 대화에 스파크를 더할 수 있는 추가적인 방법들이다.

  - SNS에 음식사진과 일몰사진을 그만 올린다. 사람들이 전에 본 적이 없는 사진을 올리자.

: 사진작가 로라 이즈미카와^{Laura Izumikawa}는 잠자는 자기 아기에게, 피카츄, 비욘세와 같은 연예인이나 캐릭터처럼 옷을 입히고 사진을 찍어 올린다. 현재 그녀는 40만 명이 넘는 팔로워를 거느리고 있으며, 그녀의 계정은 〈허핑턴포스트〉 등에 소개됐다.

- 이메일 서명에 독특한 인용구를 넣는다.

: 이메일 개발자 노아 케이건^{Noah Kagan}은 자기 이메일을 농담으로 마무리 짓는다. "추신: 더 많은 이메일 가입자를 얻고 싶다면 SumoMe.com는 무족건 인스톨 각. 심지어 무료인 거 실화냐." 그는 의도적으로 맞춤법을 틀리고 인기 있는 비속어를 섞어 썼다. 그러자 조회 수가 높아졌다.

- 고객에게 커피를 대접하지 말자. 바닐라티, 레모네이드 등을 내놓자.

: 샌디에이고의 한 호텔에선 방 열쇠와 함께 컵케이크를 선물로 준다. 엘리베이터를 타고 방으로 올라갈 때까지 이 호텔에서 맞은 첫 순간은 마치 달콤한 축복과도 같다.

- 답례 카드를 보내는 대신 답례 스티커, 핀, 사탕을 보낸다.

: 한 컨퍼런스에서는 참석자들에게 쉬는 시간에 쓸 수 있도록 컬러링 북과 색연필을 나눠준다. 사람들은 이에 열광하며 자기가 완성한 그림들을 SNS에 올리고, 이 행사의 해시태그를 달아 지인들과 공유한다.

대화의 열기로 타오르는 낮과 밤

필요한 때에 대화 스파크를 생각해내지 못할까 봐 걱정된다고? 대답해야 할 때 혀가 꼬여버릴까 봐 두렵다고? 그건 스파크를 일으킬 당신에게 달렸다. 즐거운 대화를 만들기 위해 누군가의 이름을 기억하고, 대화 스파크를 활용하고, 핫 버튼을 누르면 된다.

특히 대화 도중 누군가의 이름을 가볍게 언급하는 것은 매우 효과적이다. 한 연구에 따르면 내 이름을 부르는 소리는 다른 사람의 이름을 부르는 소리와 비교해 우리 뇌의 중앙전두피질과 상부 측두엽 부위 활동을 엄청나게 활성화시킨다고 한다.[8]

만약 이름을 외우는 데 젬병이라도 걱정하지 말자. 3가지 '이름 게임'이 있으니까. 첫째, 이름을 듣자마자 그 이름을 상대방에게 다시 이야기한다. "엘리자, 만나서 정말 반가워요!" 아니면 "엘리자, 이쪽은 회사동료 제나예요."라고 말해보자. 이는 기억력의 청각 영역을 자극한다. 둘째, 이름의 철자를 떠올린다. 기억력 전문가는 기억하고 싶은 이름이 있다면 머릿속으로 그 철자를 떠올려보라고 권한다.[9] 셋째, 연상하고 엮어본다. 당신이 이미 알고 있는 기존의 이름과 결부시키자. 연예인의 이름이라도 좋다.

이름부터 관심사에 이르기까지 당신이 만나는 사람들을 진정으로 기억할 때 당신도 그 사람들의 기억에 오래 남게 된다. 스파크를 일으킨다는 것, 새로운 농담을 시험해보고 바보 같은 이야기를 꺼내는 것, 또는 평범하지 않은 대화 스파크를 쓰는 것을 두려워하지 말자. 당신의 밤은 달아오르고, 상대방의 밤은 흥이 오르고, 절대 잊히지 않을 대화를 나누게 될 것이다.

그럼에도 여전히 무슨 말을 해야 할지 모르겠다고? 어색해질 때마다, 사교적인 도움이 필요할 때마다 그저 나에게 문자를 보내면 된다. 진심이다. 링크와 전화번호를 알려주겠다(디지털보너스 수록).

5 MINUTES — BOX

1 ___ 대화 스파크 하나를 사용해보고, 그 관계가 어떻게 바뀔 수 있는지 살펴보자.
2 ___ 자기소개와 이메일 서명, 또는 앞으로의 대화에 핫 버튼을 더해보자.
3 ___ TV 프로그램에서 새로운 등장인물이 소개될 때마다 이름게임을 시도해보자.
    이름게임을 안전하고 느긋하게 연습해볼 수 있다.

———————————————————————————— 복습

누구나 지루한 사람 곁에 머무는 걸 좋아하지 않는다. 즐거움을 안겨주고, 정신을 바
짝 차리게 만들며, 이름을 기억해주는 사람에게 끌리게 마련이다.

- 스몰토크를 빅토크로 만들고 싶다면 구태의연한 인삿말을 치워버리자.
- 사람들의 관심을 일깨울 신선한 화두를 찾아보자.
- 사람들의 이름을 기억하고, 독특한 질문을 던지며, 스파크를 일으키자.

내가 이번 장에서 얻은 가장 큰 교훈은: _____

_____

_____

_____

_____

_____

_____

_____

_____

형광펜을 그어라

가장 기억에 남는 사람이 되는 법

내 묵언수행은 7일간 계속됐다. 말하지 말 것, SNS에 글을 올리지 말 것, 이메일에 답하지 말 것. 내 인생에서 가장 고달픈 시간이었다. 이 기나긴 모험은 자아탐구에서 시작됐다. 나는 어색한 침묵을 두려워했다. 누군가 말을 마치고 난 뒤에 찾아오는 불편한 정적이 싫어 방해하는 버릇이 있었다. 더욱 가관인 건, 내가 상대의 말을 절반만 듣고 내 대답을 미리 준비한다는 것이다. 이는 그 어떤 사람에게도 무례하고 진정성이 없는 짓이었다.

내가 더 나은 청취자가 되면, 수다 금단증상을 막을 수 있을 거라고 생각했다. 이렇게 묵언수행이 시작됐다. 모두에게 말하지 않을 거라고 선언했다. 침묵이 덜 두려워질 때까지.

나는 평소처럼 회의와 모임, 그리고 저녁식사 자리에 참석해 듣기만 하기로 결정했다. 나는 재미있는 대꾸나 웃긴 이야기를 할 수 없었고, 새로 알게 된 사람들의 후속 연락을 기대할 수 없었다. 나는 내가 마주친 사람들에게 보여줄 카드 4장을 미리 준비했다. 카드에는 이렇게 썼다.

'저는 묵언수행을 시작했어요. 남의 말에 귀를 기울이는
더 훌륭한 사람이 되기 위해 노력 중이죠.'
'당신에 대한 이야기를 들려주세요.'
'죄송해요.'
'제가 침묵할 수 있게 도와주셔서 감사합니다.'

첫날이 가장 힘들었다. 한 신사가 나에게 다가와 자기소개를 하자 나는 겁이 났다. 바들바들 떨며 첫 번째 카드를 내밀었다. 놀랍게도 그는 웃음을 터뜨리며 나에게 자기도 대학시절 후두염 때문에 목소리를 내지 못했던 적이 있다고 말했다. 그리고 그때가 바로 인생에서 가장 멋지고 신나는 시간이었다고 했다. 말하지 못하는 몇 주 동안 자기 아내를 만나게 됐다는 이야기를 들려주며, 나에게 명함을 달라고 부탁했다. 나는 말 한마디 하지 않았다. 아니, 할 필요가 없었다. 사람들은 그저 이야기를 들어줄 사람이 필요한 것 같았다.

새로운 방식의 듣기

한 연구에 따르면 우리는 스스로에 대해 이야기할 때 뇌 속에서 무엇인가가 바뀐다. 바로 중간변연 도파민 체계$^{Mesolimbic\ dopamine\ system}$를 형성하는 뇌의 영역이 활성화되는 것이다. 여기서 키워드는 도파민이다.[1]

사람들은 스스로에 대한 더 많은 정보를 내놓기 위해 돈을 내놓기도 한다. 자기 의견을 표현할 특권을 누리기 위해 기꺼이 대가를 지불하는 것이다. 이는 그 유명한 데일 카네기$^{Dale\ Carnegie}$의 명언인 "관심을 끌려면 관심을 가져야 한다$^{To\ be\ interesting,\ be\ interested}$."[2]에 숨겨진 과학이자 내 묵언수행이 효과를 발휘한 이유다. 당신이 상대방에게 관심을 가질 때, 그 사람이 말하도록 만들 때, 그 말에 귀를 기울일 때, 상대방은 기쁨을 느낀다. 자기 자신에 대해 이야기하는 건 스스로에게 기쁨을 준다.

나는 묵언수행을 하는 7일 동안 더 많은 친구를 사귀고 사업적인 인연을 더 많이 맺었다. 이는 우리가 상호작용에서 침묵을 지켜야 한다는 걸 의미할까? 당연히 아니다. 상대의 말에 귀를 기울인다는 것은 그저 퍼즐의 첫 조각일 뿐이다.

도파민을 분비시킬 대화 스파크를 받은 사람들은 대답할 때 기쁨을 느낀다. 중요한 건 그 다음이다. 사람들이 한 대답을 어떻게 존중할 것인가? 어떻게 귀를 기울일 것인가? 사람들의 자기폭로에 어떻게 반응할 것인가? 훌륭한 상호작용이란 일방향이 아니다. 중요한 건 '듣기의 기술'이다.

알프레드 P. 슬론Alfred P. Sloan이 GMGeneral Motors의 부사장으로 취임할 당시 회사는 위기에 처해 있었다. 1920년 GM은 미국 자동차시장에서 겨우 12%를 차지하고 있었다. 슬론은 더 큰 꿈을 꾸었다. 그는 가장 큰 경쟁업체, 즉 포드Ford 자동차에 제동을 걸 가장 좋은 방법은 GM 딜러들과 접촉해 매출을 향상시키는 것이라 보았다. 슬론은 대리점을 하나하나 방문해서 영업사원들의 이야기에 귀를 기울였다. 슬론의 독특한 스타일은 당시로서는 거의 파격에 가까운 행동이었다.

슬론은 말했다. "제가 사실상 미국 전역뿐 아니라 대서양부터 태평양까지, 그리고 캐나다부터 멕시코까지 모든 도시를 이사진과 함께 하나하나 방문하고 있다는 걸 알면 놀라실 거예요. 이 여행에서 저는 하루에 5명에서 10명의 딜러들을 만나죠. 저는 매장에서 딜러들의 책상 앞에 앉아 이야기를 나눠요. 그리고 그들로부터 조언을 구해요."

슬론에겐 '과묵한 슬론Silent Sloan'이란 별명이 붙었다. 왜냐하면 이야기를 들을 땐 마치 귀가 잘 안 들려서 남보다 더욱 집중하는 듯 보였기 때문이었다. 슬론은 그의 임기 동안 자동차기술에서 주요한 발전을 진두지휘했다. 그가 은퇴하던 1956년 GM은 세계에서 가장 성공한 기업 중 하나가 되었으며, 자동차시장에서 점유율 52%를

차지하게 됐다.[3]

슬론의 절친한 친구이자 저명한 경영사상가인 피터 F. 드러커[Peter F. Drucker]는 슬론의 성공이 비전이나 전략에서 비롯된 게 아니라 듣기 위주의 경영 스타일 덕분이라고 보았다. 슬론은 어떻게 들었던 것일까?

- 슬론은 7일 중 6일을 회의에 할애했다. 3번의 회의에서는 공식적인 의제를 논의했고, 나머지 회의에서는 그 의제들에서 도출된 문제들을 논의했다.

- 각 회의의 기본목표를 언급하는 것 외에 슬론은 회의에서 침묵을 지켰다. 그는 메모도 거의 하지 않았고, 질문을 던져 무엇인가를 명확히 만드는 것 외엔 말하지 않았다. 드러커에 따르면 슬론은 회의를 간단한 요약과 감사인사로 마무리 지었다.

- 회의 뒤에 슬론은 책임실무자 1명을 뽑아 회의에서 나온 이야기와 다음 단계, 업무분담, 구체적인 마감시한 등을 적은 짧은 메모를 건넸다. 메모는 복사되어 회의에 참석했던 모든 이에게 전달됐다.[4]

슬론은 효과적인 리더십이 무엇인지에 대한 전통적인 시각을 완전히 뒤집었다. 1931년 MIT는 처음으로 슬론 펠로[Sloan Fellows]라고 불리는, 기업 임원들을 위한 대학교 프로그램을 만들었다. 그리고 1950년에는 MIT 슬론 경영대학원이 문을 열었다. 30여 년 동안 과묵한 슬론은 자기가 한 말이 아니라 자기가 들은 말을 따랐다. 그는 집중해서 듣고 행동으로 뒷받침했다. 나는 이 전략을 '형광펜 긋기'라고 부른다.

전략 4

사람들의 강점을 부각시켜라

형광펜 긋기 전략은 신선하고 솔직한 상호작용을 연습하는 방법이다. 사람들의 강점을 부각시킨다는 건 그저 달콤한 말로 포장하는 게 아니다. 아부하거나 알랑거리는 것도 아니다. 당신이 진정으로 주목할 만한 가치가 있다고 발견한 존재를 존중하고, 진정한 대화가 시작하도록 돕는 것이다.

에밀리 맥도웰[Emily McDowell]은 사람들에게 형광펜 긋기 전략으로 진심을 전달해 사업을 성공으로 이끌었다.[5] 이는 우연히 시작된 일이었다. 2012년 에밀리는 색다른 종류의 밸런타인데이 카드를 생각해냈다. 그녀는 특별한 날에 데이트는 하지만 공식적인 연인관계로는 아직 접어들지 못한 사람들을 돕고 싶었다. 소위 말하는 썸 관계다. 에밀리는 동네 문구점에서 다음과 같이 쓴 카드를 100장 복사해서 핸드메이드 제품 전문 쇼핑몰에서 팔기 시작했다. 에밀리는 이 카드에 '어색한 데이트 카드'라는 이름을 붙였다. 카드에는 이렇게 적었다.

> 저도 알아요. 우리가 뭔가 있는 사이는 아니란 걸요. 하지만 그냥 아무 말도 안 하는 것도 좀 이상한 거 같아서 이 카드를 드립니다. 별것 아니에요. 정말 아무 뜻 없어요. 이 카드에는 하트도 안 그려져 있는 걸요. 그러니까 기본적으로 이건 그냥 '안녕.'이라고 말하려는 카드예요. 그냥 무시하세요.

이것이야말로 대화 스파크다! 에밀리가 만든 카드에 담긴 꾸밈 없는 솔직함과 유머는 인터넷을 강타했다. 3개월 후 그녀는 편집숍으로부터 9만 6,000장의 카드를 주문받았다. 에밀리는 받는 이를 돋보이게 만드는 더 솔직한 포스터, 토트백, 문구류를 다양하게 만들어내기 시작했다.

에밀리의 카드는 강력했다. 칭찬과 진실을 모두 담고 있기 때문이다. 전형적인 카드는 애매한 칭찬과 지루하고 상투적인 어구만 담고 있다. 반면 에밀리의 카드는 사람들이 최선의 모습을 보여줄 것이라고 진심으로 기대한다. 그리고 각자의 삶에서 모든 사람이 가장 최선의 모습으로 진실되게 행동할 수 있도록 돕는다. 형광펜 긋기 전략이란, 그저 평범한 찬사를 보내는 것 그 이상의 역할을 한다.

다시 말해 사람들은 '긍정적인 표식'을 받는 것을 좋아한다. 이런 표식은 우리의 자아 이미지를 향상시키고 더 나은 모습을 갖추도록 우리를 부드럽게 다독인다. 그렇다면 상대방의 강점을 강조할 수 있는 방법은 무엇일까? 2가지 기술을 소개한다.

○

기술 1: 피그말리온 효과

조각가 피그말리온에 대한 유명한 그리스 신화가 있다. 피그말리온은 커다란 상아 덩어리로 그가 생각하는 이상적인 여성의 조각상을 만들었다. 조각상이 너무나 아름다워서 피그말리온은 그만 사랑에 빠져버렸다. 그는 사랑의 여신 아프로디테에게 "내가 조각한 여인의 현신"을 만날 수 있길 은밀하게 기도했다.[6]

피그말리온은 작업실에 돌아와 조각상에 가벼운 입맞춤을 했다. 놀랍게도 그 조각상의 입술은 따스했다. 피그말리온이 다시 조각상에 입맞춤을 하자, 이 조각상은 생명을 갖게 되었다. 결국 피그말리온은 자기가 만들어낸 이 여인과 결혼했다. 즉, 위대한 기대는 위대함에 맞닿아 있다. 심리학자들은 이 생각이 그저 신화가 아니란 것을 발견했고, 이러한 현상을 '피그말리온 효과'라고 부르게 됐다.

또래 집단보다 "정치적으로 적극적"이라는 이야기를 들은 유권자 집단은 무작위로 선발됐음에도 통제집단보다 대통령 선거에서 15% 높은 투표율을 보이는 것으로 나타났다.[7] 기부자들은 자신이 평균 수준보다 더 많이 기부하고 있다고 이야기를 들으면, 결국 평균 기부자들보다 더 많이 기부하게 되는 것으로 나타났다.[8]

호텔 청소부들은 자신의 일이 칼로리 소모가 많은 작업이라는 이야기를 들었을 때, 결과적으로 더 많은 칼로리를 소비하게 되는 것으로 나타났다.[9] 컴퓨터가 학생들에게 자동적으로 칭찬했더니 이 학생들은 과제에서 더 나은 성적을 보였다. 그 칭찬이 자동으로 발송된 것이란 걸 학생들이 알고 있을 때도 마찬가지였다.[10]

좋건 나쁘건 우리는 표식이 더욱 명료해질수록 그 모습을 더욱 몸으로 드러내게 된다. 다음은 실제로 활용해볼 만한 예들이다.

- "아는 사람이 엄청 많네요. 엄청난 마당발이신가 봐요!"
- "당신이 이 조직을 위해 얼마나 헌신하셨는지를 보고 정말 감명받았어요. 당신 같은 분과 함께 일하다니, 여기 사람들은 정말 운이 좋네요."
- "이 주제에 대해 정말 잘 아시네요. 당신과 함께 있어서 다행이에요."

또 다른 방식은 다른 사람의 승리를 마치 자기 자신의 승리처럼 기뻐해주는 것이다. 좋은 감정은 좋은 감정들 사이에서 더욱 증폭된다. 그리고 장단을 맞추지 못한 감정은 이내 사그라진다. 누군가 자랑스러워하거나 신난 모습을 보일 때, 이를 받아주고 기분을 맞춰주자. 이는 당신과 상대방이 느끼는 감정을 연결해준다. 다음과 같이 표현해보자.

- "저까지 설레네요!"
- "와, 진짜 멋진 일이에요!"
- "말 그대로 좋은 소식이네요. 축하드려요!"

그렇다면, 피그말리온 효과의 반대가 뭘까? 골렘 효과Golem effect 다.[11] 골렘 효과란 낮은 기대치가 나쁜 성과로 이어지는 것을 의미 한다. 골렘 효과가 특히나 직장에서 지배적인 영향력을 미친다는 연구결과도 있다.[12]

우리는 골렘이 되어서는 안 된다. 내 눈에 뭔가가 들어왔을 때 그 게 무엇이든 멋진 일이라면 나는 언제나 이를 반드시 짚고 넘어간 다. 바리스타에게는 그가 만든 라테아트가 정말 멋지다고 말한다. 친구들이 새로 머리를 자르면 그걸 신나게 칭찬한다.

형광펜 긋기란 사람들 안에서 끊임없이 좋은 점을 찾는 것이다. 당신의 장점을 드러낸다고 해서 기억에 오래 남는 사람이 되는 것 은 아니다. 중요한 건 상대방의 장점이 드러나도록 만드는 것이다. 사람들에게 멋지다고 말할 때, 이 사람들은 더 멋진 사람들이 된다. 사람들에게 감명을 주려 하지 말자. 사람들로부터 감명을 받자.

○

기술 2: 자기소개에 공들여라

사회생활에서 가장 놓치기 쉬운 기회가 무엇일까? 바로 '소개'다.

사람들에게 형광펜을 긋는 방법으로 소개의 기회를 잡아보자.

- "바네사, 여긴 데이브야. 소프트웨어 업계에서 아주 잘나가는 인재지. 얼마 전에도 엄청나게 히트 친 프로그램을 론칭했다고."
- "조, 수를 만나봐. 수는 깜짝 놀랄 정도로 뛰어난 화가야. 내가 아는 예술가 중에서 가장 재능이 넘쳐."
- "커크, 애니를 소개시켜 줄게. 나도 애니와 오늘 처음 만났어. 지금 애니가 남아프리카 여행을 갔던 이야기를 해주고 있어. 진짜 멋져."

심지어 자기소개를 할 때도 적용할 수 있다.

- "만나서 반가워요! 당신 블로그가 진짜 멋지단 얘기를 들었어요. 성공 비법을 좀 여쭤봐도 될까요?"
- "당신을 알게 되어서 정말 기뻐요. 존의 친구라면 제 친구이기도 하죠. 존이 아는 사람들은 항상 유쾌하더라고요."
- "아, 반가워요! 이름표를 보니 켄 베이커리에서 일하시나 봐요. 제가 가장 좋아하는 피자집이거든요!"

열광적인 소개가 효과가 있는 이유는 무엇일까? 첫째, 출발점에서부터 사람들에게 긍정적인 표식을 주게 된다. 둘째, 대화하면서 그 상황을 함께하고 있는 사람들에게 더 멋지고 알맞은 주제를 던질 수 있다. 셋째, 사람들이 스스로에 대해 무엇을 하고 있고, 자기가 누구인지 이야기하도록 만들면서 도파민 생성을 촉진시킬 수 있다. 열광적인 소개는 그 자체로 대화 스파크가 된다. 윈-윈-윈 전략인 것이다.

듣기보다 중요한 건 반응

전직 패션모델인 제네비브와 저녁을 먹은 적 있다. 그녀는 눈부시게 아름답다. 적갈색 머리에선 윤기가 흐르고, 우윳빛 피부에 끝없이 길쭉한 다리를 가지고 있다. 식사하면서 제네비브는 차분하고 밝은 기운에 남을 배려하는 모습이었지만, 거의 말을 하지 않았다. 질문을 받으면 웃으며 재빨리 대답하고 와인 한 모금을 홀짝였다. 나는 이 일에 대해 별 생각이 없었고, 몇 주 후 재미있는 일이 벌어지지 않았다면 아마 기억조차 하지 못했을 것이다.

하루는 파티에서 친구들과 이야기를 나누고 있었다. 제네비브가 그곳에 나타났다. 나는 몸을 돌려 사람들에게 그녀를 소개했다. 한껏 열광적인 태도를 취하려고 노력하며 말이다. 이전에 저녁을 함께 먹었지만 그녀에 대해 딱히 꺼낼 얘기가 없었다. 나는 간단하게 말했다. "모두들, 여기 이 아름다운 제네비브를 소개할게요. 우린 지난 달 23번가에 새로 문을 연 괜찮은 이탈리아 음식점에서 저녁을 먹었어요."

제네비브는 내 친구들과 악수를 하고는 그곳에 몇 분간 머물렀다. 그리고 나에게 샴페인을 한잔 더 하러 가자고 권했다. 나와 함께 걸으며 그녀는 골이 나서 씩씩댔다. "아, 진짜! 당신 친구 크리스 말이죠, 정말 수십 번도 더 만났을 거예요. 그런데 그 남자는 나를 볼 때마다 기억을 못해요. 뭐가 문제죠?"

나로선 전혀 놀랄 일이 아니었다. 가혹한 진실은 이렇다. 이건 크리스의 잘못이 아니라 제네비브의 잘못이라는 것이다. 사람들이 제네비브를 기억할 이유가 하나도 없었다. 훌륭한 청자가 된다는 것은 '무엇을 듣느냐'가 아니라 '들은 것에 어떻게 반응하냐'의 문제다.

모든 대화와 모든 상호작용, 모든 만남에서 우리는 사람들에게 우리를 기억하게 만들 이유를 만들어주고 싶어 한다. 제네비브는 아름다운 외모를 가졌고 사람을 기분 좋게 만드는 차분함을 갖췄다. 하지만 그것만으로는 부족했던 것이다!

5 MINUTES ── BOX

──────────────────────────── 도전과제

1 ── 동료나 친구를 꼭 알았으면 좋겠다고 생각하는 누군가에게 소개시켜보자. 격렬한 소개용 대사를 준비해 연습해보자.
2 ── 누가 당신에게 감명을 주는가? 당신이 아는 대단한 마당발은 누구인가? 그 마당발에게 당신이 감명받은 이야기를 꺼내보자.
3 ── 더 나은 청자가 되기 위해 하루 동안 묵언수행을 해보자. 디지털보너스를 참고하면 다음 묵언수행을 나와 함께할 수 있다.

──────────────────────────────── 복습

누구나 우리를 기분 좋게 해주는 사람, 최선의 모습을 드러내게 해주는 사람을 기억한다. 주변 사람들의 이야기를 잘 듣고, 그들의 장점을 발견하며, 그들을 섬겨보자. 누군가에게 빛을 비출 때 그 빛은 나에게 되돌아온다.

· 사람들에게서 항상 좋은 점을 찾아내자.
· 사람들이 당신을 기억해야 할 이유를 제시해 모든 상호작용에서 우위를 점하자.
· 최악을 기대하면 최악을 얻을 뿐이다.

내가 이번 장에서 얻은 가장 큰 교훈은: _____

_____

_____

_____

_____

_____

_____

호기심을 자극하라
마성의 호감형 인간으로 거듭나기

최고의 미식축구 선수 루이스 하우즈Lewis Howes는 어느 날 손목이 꺾이는 부상을 입었다. 그리고 프로 풋볼선수의 꿈은 깨져버렸다. "끔찍한 일이었어요. 저는 고작 24살이었어요. 한쪽 팔은 깁스한 채 어마어마한 빚을 안고 파산했어요. 여동생 네 집 소파에서 잠을 자야 했죠."[1]

하우즈는 아무런 기반도 없이 새로운 커리어를 시작해야만 했다. 2008년 그는 스포츠계의 사람들과 연락을 이어가면서 기회를 발견했다. 사람들과 인연을 맺게 되는 놀라운 방법을 우연히 알게 된 것이다. 그는 낯선 이들에게 연락할 때 어떤 메시지가 가장 효과를 발휘하는지 실험해보기 시작했다. "제 메시지함에 들어온 답장을 보고, 어떤 메시지가 효과적이고 어떤 메시지가 그렇지 않은지 추적해보는 건 쉬웠어요." 하우즈는 설명했다.[2]

그는 상대방과의 공통점을 적어도 3가지 정도 언급할 때 가장 성공적인 결과를 가져왔다는 것을 발견했다. 메시지들은 짧지만, 정곡을 찔렀다. 하우즈는 나에게 이 기법을 사용한 예시를 보여줬다.

안녕하세요, 바네사! 제 이름은 루이스예요. 당신도 닉의 친구란 걸 알고서 한번 연락하고 싶었어요. 저는 닉이랑 '약속의 연필'이라는 재단에서 함께 일하고 있어요. 전 LA에 사는데, 당신도 이곳 출신이란 얘길 들었어요. 혹시 언제 안 들르시나요? 친해지고 싶네요.

하우즈는 그 뒤를 잇는 메시지들에 대한 전략도 만들어냈다. 그는 상대방에게 그 사람의 일을 좋아하며, 배우고 싶다고 이야기했다. "제 목표는 당신에 대해 알게 되고, 당신의 성공비결을 배우는 거예요."라고 말이다. 또한 모든 상호작용은 상대방이 대답할 수 있는 구체적인 질문으로 끝맺음했다.

놀랍게도 이 접근법은 하우즈에게 수많은 전화통화와 일대일 회의, 스포츠계에서 가장 훌륭한 사람들의 멘토링 등으로 이어졌다. 명사들과 인연을 맺고, 그들에게서 배움을 얻은 첫해에 하우즈는 터닝 포인트를 맞게 되었다. 지인들에게 해줄 수 있는 일을 찾기 시작한 것이다. 하우즈가 말했다. "저는 사람들을 돕는 걸 즐겼고, 말콤 글래드웰Malcolm Gladwell이 말한 소위 '커넥터Connector'가 되는 게 재밌었어요."[3]

그는 VIP들에게 도움을 줄 수 있을 것 같은 사람들을 3명씩 소개시켜주었다. 말 그대로 커피를 마시다 말고 핸드폰을 꺼내서 전화한 다음 상대방에게 건네주는 식이었다. 이는 마법처럼 잘 먹혔다. 2010년 1월, 그의 회사는 500만 달러의 매출을 기록했다. '위대한 학교The School of Greatness'라는 이름의 라이프스타일 블로그와 팟캐스트를 성공적으로 운영하고 있으며, 주제별로 VIP와 전문가, 권위자들과 인터뷰한다.

이번 장에서는 하우즈가 수많은 유명인사를 사로잡은 방법을 알려줄 예정이다. 그는 인간이 끊임없이 비슷한 사람들을 찾고 있다는 점을 잘 이용했다. 유유상종, 즉 사람들은 자기랑 다른 사람보다는 비슷한 사람에게 끌린다는 것이다.[4]

나와 '비슷한 사람'이라는 느낌은 꿀맛!

심리학자 엘렌 버샤이드Ellen Berscheid와 일레인 월스터Elaine Walster 박사는 우리가 다음과 같은 이유로 인해 비슷한 사람들과 시간을 보내는 걸 좋아한다고 말한다. 첫째, 인간은 비슷한 활동과 대화주제를 즐기는 사람과 어울리기 더 쉽다. 친구 사이는 무작위로 짝지어진 쌍보다 더 비슷한 성격을 지녔을 가능성이 높다. 둘째, 누군가 우리에게 동조할 때 우리는 덜 외롭고 우리 의견이 좀 더 옳다는 느낌을 갖게 된다. 셋째, 누군가에게 강하게 연결되어 있을 때 우리는 그들의 행동과 미래의 결정을 좀 더 잘 예측할 수 있으며, 스스로 조절할 수 있다는 느낌을 갖게 된다. 넷째, 누군가 우리와 비슷할 때 그 사람이 우리에게 끌릴 가능성이 더 커지길 바란다.[5]

페이스북의 '좋아요'나 인스타그램의 '하트'나 트위터의 '리트윗'은 모두 '유유상종 효과'의 디지털적인 형태라 할 수 있다. 누군가에게 당신이 좋아하는 링크를 보낼 때, 이는 '나도 이거 좋아해!'라고 말하는 셈이다. 이게 바로 우리가 SNS에 중독되는 이유다. 우리는 친구들과 팔로워들이 우리를 좋아하고 우리와 비슷한지 알고 싶은 것이다.

성공적인 회의나 모임, 데이트에서 다음과 같은 말을 쉽게 들을 수 있다.

- "와, 당신도 그 드라마를 좋아해요? 저 진짜 팬이잖아요!"
- "글루텐 프리 식단을 하는 중이세요? 저희 모임에 나오세요!"
- "태국에 다녀오셨다고요! 아마 비슷한 때에 머물렀을 수도 있겠는데요?"
- "농담하는 거 아니죠? 저 진짜 엄청난 야구팬이잖아요."
- "암벽등반에 빠져 계시다고요? 저도 그래요!"

반면에, 사람들이 흔히 저지르는 실수 중 하나는 인연을 맺으려고 시도하다가 무심코 상대방과의 차이점을 짚어내는 것이다. 다양한 버전의 '난 아니야!'를 뱉어낼 때마다 당신은 시작점부터 그 인연을 갉아먹게 된다.

- "사실 전 그 드라마는 별로예요. 좀 지루한 거 같아요."
- "아, 당신도 글루텐 프리 식단을 하세요? 너무 유행을 타는 거 같지 않아요?"
- "전 여행을 잘 안 다녀서요."
- "스포츠요? 저는 그 시간에 책을 읽거나 뉴스를 봐요."
- "암벽등반을 좋아하신다고요? 전 별로요. 고소공포증이 있거든요."

그렇다고 해서 맹목적으로 당신이 만나는 사람들에게 동의해야 하는 걸까? 당연히 아니다. 누군가 사립학교를 나왔다고 얘기하면, 굳이 "어휴, 저는 그 비싼 학교에 다니는 애들이 싫었어요."라고 반응하지 말라는 뜻이다. 대신, 이를 주의 깊게 듣고는 뭔가 공통점을 가졌는지 다시 찾아보자. "와, 몰랐어요. 좀 더 얘기해주세요!"라고 말할 수 있겠다.

우리는 잠재적인 고객들에게 관심사와 일하는 방식을 물어보며 이러한 행동을 할 수 있다. 우리는 호감 가는 사람에게 음악 취향과 주말에 하는 일들을 물어보며 이러한 행동을 할 수 있다. 심지어 같은 줄에 선 낯선 이들과도 기나긴 기다림에 대해 함께 한탄하며 이러한 행동을 할 수 있다. 당신도 다음 전략을 통해 유유상종 효과를 유용하게 활용해보라.

전략 5

유사성의 실타래를 좇아라

상호작용은 공통의 실마리를 찾는 게 관건이다. 더 많은 실마리에 연결되어 있을수록, 당신은 더욱 사교적으로 매력적인 인물이 된다. 방금 만난 사람들에게 '실마리 이론'을 활용해보자.

○

1단계: 실마리를 찾아라

커다란 실뭉치를 들고 사람들이 걸어 다닌다고 생각해보자. 둘둘 감긴 실들은 생각, 아이디어, 의견을 의미한다. 우리는 가끔 우리 생각이 좀 더 정리되어 있기를 바라지만, 대개는 뒤죽박죽 섞여 있기 마련이다. 특히나 우리가 어느 모임에 처음 들어섰을 때는 말이다.

우리는 우리가 해야 할 일, 주차 요금, 저녁에 먹고 싶은 메뉴, 앞집에 사는 잘생긴 남자, 뻐근한 목, 아니면 코트를 걸 곳이 어디인지에 대해 생각하고 있을 것이다. 결국 우리는 수많은 생각의 실타래를 들고 여기저기를 걸어 다니고 있는 셈이다.

실마리 이론은 그 어떤 대화도 시작할 수 있는 궁극의 도구다. 당신이 누군가와 처음 만날 때 양쪽이 모두 공유하고 있을 법한 몇몇 생각들을 찔러보길 권한다. 더 많은 실마리를 나눌수록, 더 많은 이야기를 나눌 수 있게 된다. 그리고 믿기지 않을 정도로 당신에 대한 호감도는 높아진다. 당신이 아무 때나 꺼내볼 수 있는, 공통점을 찾을 만한 카테고리는 다음과 같다.

- 사람: 공통의 친구나 아는 사람은 유사성의 실마리를 찾아낼 수 있는 최고의 방법이다.
- 배경: 서로 SNS에 가입해 있거나 같은 모임에 참석 중일 것이다. 공통되는 배경을 찾으면, 당신이 할 일은 대화가 부드럽게 굴러가도록 그에 대해 묻는 것이다.
- 관심사: 서로의 관심사를 찾아내면, 풍성하고 흥미로운 대화가 무르익게 된다.

각 카테고리의 공통점을 찾아내기 위한 첫 대사와 아이디어 몇 가지를 소개한다.

	첫 대사	가능한 실마리
사람	주최자와는 어떤 관계세요?	＿＿에서 일하세요? ＿＿를 아세요?
	우리가 ＿＿ 상에서 서로 연결되어 있단 걸 봤어요.	＿＿학교 출신이세요? ＿＿를 아세요?
	당신이 ＿＿와 이야기를 나누는 걸 봤어요. 두 분은 오래 알던 관계인가요?	신부 / 신랑 / 룸메이트 / 직원 / 상사의 친구인가요?
배경	이 모임에 참석한 지는 얼마나 되셨나요?	이런 행사에 자주 오시나요?
	행사장이 잘되어 있네요. 그렇죠?	이런 학회 / 레스토랑 / 행사에 전에도 오신 적 있나요?
	여기서 얼마나 사셨나요?	저는 당신이 ＿＿ 그룹의 일원이란 걸 봤어요.
관심사	멋진 펜 / 셔츠 / 모자네요. 저도 ＿＿를 정말 좋아해요.	＿＿를 언제부터 좋아하셨어요?
	전 ＿＿의 회원이에요. 언제부터 이 모임에 참석하셨나요?	이번 주말에는 뭐하세요?
	당신도 ＿＿에 다녔다는 / ＿＿에서 공부했다는 / ＿＿의 회원이란 걸 봤어요.	저 강연자 / 발표 / 경품행사 재미있었죠?

실마리 이론에 따른 질문들은 여러 모임에 참석하거나 새로운 사람을 만났을 때, 심지어 모르는 사람에게 이메일을 쓰거나 메시지를 보낼 때도 사용할 수 있다.

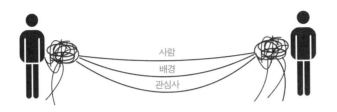

질문들을 던져봤지만 유사성을 발견할 수 없을 때도 있다. "아, 그녀를 몰라요." 아니면 "아뇨, 전혀 가본 적 없어요."라고 말하더라도 걱정하지 말 것! 이를 다시 활용하면 된다. "아, 꽤 큰 학교예요. 그녀는 아마 정치학을 전공했을 거예요. 전공이 뭐였어요?"라고 묻든지 "저도 마찬가지예요! 자주 가는 단골 술집이 있으세요?"라고 물으면 된다. 당신이 듣게 되는 모든 답은 상대방을 알게 되는 또 다른 한 걸음이 되고, 대화는 더욱 진전된다.

○

2단계: 실을 따라가라

공통의 실마리를 찾았다면, 이를 따라감으로써 탄탄한 관계를 만들어야 한다. 어떻게 그 공통의 실마리를 풀어가냐고? 어렵지 않다. 그냥 그 '이유'를 물어보자.

토요타자동차를 설립한 사키치 토요다Sakichi Toyoda는 '파이브 와이5Why'라고 불리는 혁신적인 경영기법으로도 널리 알려졌다. 토요타 직원들은 문제해결을 위해 파이브 와이를 이용하고 문제의 핵심에 접근한다. 이 기법은 문제의 근본적인 원인과 해결책을 신속하고 효율적으로 찾기 위해 산업 전반에서 활용되고 있다.

물론, 일상적인 대화에서 '왜'라는 질문을 계속하기란 불가능하다. 하지만 파이브 와이 정신에 입각한다면 더 신속하고 깊이 있는 대화를 이어갈 수 있다. 공통점을 발견했을 때 이를 그냥 지나치지 말고 상대방에게 '왜 그게 중요한지'를 물어보자. 한 발짝 더 나아가 상대방이 '어떻게 그런 걸 하게 됐는지' 알아보자.

예를 들어, 실마리 이론을 통해 당신은 상대가 사업가라는 걸 알게 됐다. 그 실마리를 좇다 보면 당신은 다음과 같이 더 깊은 인연을 맺게 된다.

당신 왜 사업가가 되기로 결심했어요?

상대 저는 언제나 저만의 사업을 하고 싶었어요.

당신 재미있네요! 왜 사업을 하는 게 매력적으로 느껴졌어요?

상대 저는 일하면서 유연성과 자유를 가지길 원해요. 상사가 있으면 그럴 수 없다는 걸 알았고요.

당신 저와 비슷하네요! 당신에게는 왜 더 많은 유연성이 필요했나요?

상대 아, 저는 여행을 좋아하거든요. 그래서 어디에서나 일할 수 있길 바랐어요.

당신 멋지네요. 여행을 왜 좋아하게 됐는지 무척 궁금해요. 실은 저도 여행을 정말 좋아하거든요. 최근엔 혼자 칠레를 다녀왔어요!

상대 그렇다면 당신도 제 마음을 잘 알겠네요. 저는 익숙한 곳에서 벗어나 전 세계 사람들로부터 배우는 게 중요하다고 생각해서 여행을 시작했어요. 저도 칠레에 가보고 싶어 죽겠어요!

당신 맞아요! 저도 여행에서 사람들을 만나는 걸 무척 좋아해요. 나중에 칠레에 간다면 정말 맛있는 레스토랑을 알려드릴게요. 당신에겐 익숙함에서 벗어나는 일이 왜 그토록 중요한지 생각해본 적 있어요?

상대 음, 좋은 질문이에요. 진정한 행복이란 새로운 걸 시도하고, 새로운 걸 보고, 새로운 걸 경험하는 데서 온다고 생각하거든요. 당신은 어떤가요? 당신은 행복이 어디에서 온다고 생각하나요?

　　이는 당신이 수많은 '왜'라는 질문을 던졌을 때 가능한 풍성한 대화의 가상버전이다. '왜'는 스몰토크를 넘어서 동기와 꿈, 관심사를 탐구할 수 있게 도와준다. 그리고 모든 '왜'라는 질문은 더 많은 실마리를 찾을 수 있도록 도와준다.

○

3단계(선택적): 인연 엮어내기

실마리 이론의 마지막 단계는 선택적이다. 특별한 관계를 원할 때 상대방을 엮어버림으로써 그 인연을 다음 단계로 발전시킬 수 있다. 루이스 하우즈가 쓴 방법을 한번 살펴보자.

하우즈는 공통점을 찾아내고 그가 발견한 실마리를 따라가면서, 사람들에게 무엇이 필요하고 어떻게 자기가 그들을 도와줄 수 있을지 물었다. 즉, 그는 사람들의 욕구와 자신의 능력을 엮어버렸다. "문제가 있군요. 제가 그 문제를 해결하도록 도울게요."라고 말할 때 당신은 궁극의 공통점을 만들게 된다.

당신이 도움과 지원, 조언을 제안할 때마다 당신은 누군가와 더 깊은 인연을 맺고 영원한 공통점을 가질 수 있게 된다. 알다시피 사람들을 도울 기회는 유기적으로 발생한다. 당신은 누군가 필요한 게 있다는 걸 듣고, 당신이 그 사람을 도울 수 있다는 것을 안다. 여기에 몇몇 예시가 있다.

- "이곳에 새로 이사 오셨으니, 제가 좋아하는 동네 맛집 리스트를 보내드릴게요."
- "분명 그 업계에 제가 아는 사람이 있을 거예요. SNS에서 저와 친구를 맺으실래요? 그럼 제가 연결해드릴게요."
- "저는 공짜표를 자주 받아요. 다음번에 표 생기면 문자 드릴게요!"
- "문제가 있는 것 같네요. 상담전화를 한번 해보고 저희 회사가 도울 수 있을지 볼게요."
- "네, 채식주의자가 되는 건 쉽지 않아요. 제가 알고 있는 채식 요리법이 좀 있어요."

대화를 나누는 동안 아무 일도 벌어지지 않는다면 끝맺음할 때 연결고리를 만들어낼 수도 있다. 일반적으로 나는 회의를 단순한 질문으로 끝마친다. "제가 도와드릴 일이 있을까요?"

내가 가장 좋아하는 질문이다. 보통 이 질문은 나에게 연결고리를 만들어낼 기회를 가져다줄 뿐 아니라 그 사람에 대해 뭔가 새로운 걸 알 수 있도록 도와준다. 이는 긴 인연을 만들어줄 아주 작은 전략이 된다.

실마리 이론의 3번째 단계는 선택적이기 때문에 그 단계를 제시할 때엔 실제로 그럴 마음이 있어야 한다. 당신이 줄 수 없는 도움을 제안해선 안 된다. 뜬 구름 잡는 약속은 하지 말자. 당신이 진정으로 이어지고 싶은 사람들과만 연결고리를 만들어야 한다.

"저 좀 가르쳐주실래요?"

루이스 하우즈는 팟캐스트에서 새로운 사업영역이나 인생에 관해 전문가들과 자주 인터뷰한다. 그리고 "저도 그래요!"라고 말할 수 없을 때 그는 "저에게 가르쳐주세요."라고 말한다. 이는 청취자들에게 놀라운 콘텐츠를 제공하게 될 뿐 아니라 하우즈 자신과 그 전문가 간에 깊은 인연을 만들어준다. 누군가 당신이 잘 모르거나 익숙하지 않은 것에 대해 이야기할 때 더 많은 정보를 요청해보자. 다음은 "저를 좀 가르쳐주세요."라는 말의 다른 버전들이다.

- "그 책에 대해서 처음 들어봐요. 무슨 내용이에요?"
- "정말 재미있는 경력이네요. 당신과 같은 직업에 있는 누군가를 만나본 적이 없어요. 직업에 대해 좀 더 얘기를 들려주세요!"
- "저는 사실 해외여행을 해본 적이 없어요. 하지만 여행을 자주 다니고 싶어요. 여행 초보자를 위한 조언이 있을까요?"

$$\mathbf{5} \begin{array}{l} \text{MINUTES} \\ \text{——— BOX} \end{array}$$

─── 도전과제

1 ___ 다음번에 누군가와 이야기한다면, 첫 3분 동안 3가지 공통점을 찾아보자.

2 ___ "왜?"라고 5번 물어보는 연습을 하고, 새로운 무엇인가를 배울 수 있는지 살펴보자.

3 ___ 동료나 친구들에게 당신이 도울 게 있는지 물어봄으로써 연결고리를 만들자.

─── 복습

상대방과 공통점이 많을수록 당신에 대한 그의 호감도는 높아진다. 실마리 이론은 공통의 관심사를 찾고, 왜냐고 묻고, 도와주겠다고 제안함으로써 마성의 매력을 갖추는 쉬운 방법이다.

• 무슨 말을 할지 너무 골똘히 생각하지 말자. 그저 공통점을 찾아보자.

• 파이브 와이 기법을 통해 더 깊이 파고들자.

• 상대방의 문제를 내 일처럼 생각함으로써 그 사람과 연결되어보자.

내가 이번 장에서 얻은 가장 큰 교훈은: _____

_____

_____

_____

_____

_____

_____

_____

Part 2

첫 5시간

필살의 대인관계 기술을 얻고 싶다면
상대의 눈으로 세상을 바라볼 수 있어야 한다.
상대의 마음을 사로잡고 싶다면,
그가 가치 있다고 생각하는 것에 초점을 맞춰야 한다.
상대방의 감정적인 욕구를 이해해
인연을 한층 더 발전시키는 전략이다.

암호를 풀어라
숨겨진 감정 파악하기

42살의 전업주부 매리에게 우울증이 찾아왔다. 하루 종일 우는 일이 빈번해졌고, 심지어 자살을 기도하기도 했다. 다행히 매리는 자신에게 도움이 필요하다는 걸 알았다. 가족들은 그녀를 인근 병원에 입원시켰다. 치료가 시작된 후 첫 3주간은 잘 흘러갔다. 매리는 정신과의사와의 면담에서 자신의 기분이 회복되고 있으니, 주말 동안 가족을 만나도 되겠느냐고 물었다. 시설의 전문가들은 모두 매리가 나아졌다는 것에 동의했다.

사실 매리의 상태는 나아진 게 아니었다. 그녀는 외출하기 직전에 자백했다. 인터뷰마다 계속 좋아지고 있다고 거짓말했고, 집단

치료 시간에도 다른 이들을 속였다고 했다. 그녀는 여전히 극도로 우울증에 시달리고 있었으며, 병원을 나가면 끔찍한 일을 저지를 계획이었다. 몇 달간의 치료 후 매리는 정상적인 삶으로 돌아갈 수 있었지만, 매리 사건은 병원의 의료팀을 발칵 뒤집어놓았다.

어떻게 그녀는 시설에 있는 그토록 많은 사람을 속일 수 있었을까? 의사들은 매리의 인터뷰 녹화영상을 다시 돌려 보았다. 무엇을 놓쳤을까? 의료팀은 환자들을 대상으로 거짓 탐지 연구를 진행해온 심리학자인 폴 에크먼^{Paul Ekman} 박사를 초빙했다.[1]

에크먼 박사와 그의 팀은 수백 시간 동안 매리의 영상을 검토했다. 그리고 영상을 슬로모션으로 재생해보고 나서야 단서들이 드러나기 시작했다. 의사가 매리에게 주말 계획에 대해 묻자, 그녀의 얼굴에는 겁에 질린 감정이 드러났다. 에크먼 박사가 설명했다.

"저희는 슬로모션으로 영상을 보고서야 그녀의 얼굴에 자포자기하는 표정이 쏜살같이 스치는 걸 발견했어요. 너무 순식간에 지나가서 처음 몇 번은 영상을 보면서도 놓쳤던 거죠."[2] 이러한 찰나의 슬픔이 바로 에크먼 박사가 찾던 돌파구였다.

이들은 세밀한 표정을 찾기 위해 영상들을 다시 살펴보았다. 여러 차례 영상을 재생한 후 연구팀은 이 표정들이 언제나 거짓말하기 직전에 드러났고, 곧 가짜미소가 이를 덮는다는 것을 알아냈다. 에크먼 박사는 이러한 찰나의 얼굴표정을 '미세표정'이라고 부르기로 했다.

인간의 표정은 7가지 덫에 갇혀 있다

의사들은 아기가 부모의 애정 어린 표정을 따라 하면서 웃는 법을 배운다고 생각했다. 그저 미신일 뿐이다. 선천적으로 시각장애를 가지고 있는 아기도 다른 아기와 같은 얼굴표정을 짓는다. 다른 사람의 얼굴을 본 적이 없는데도 말이다.[3] 감정을 표현하려는 우리의 본능은 자연적으로 생겨난 것이다.[4] 미세표정은 선천적이고 보편적인 인간행동이다.

폴 에크먼 박사는 뉴기니 섬의 고립된 한 지역에서 일련의 연구를 실시했다.[5] 그는 미소부터 찡그림, 언짢은 표정까지 여러 감정을 보여주는 미국인들의 사진을 가져갔다. 에크먼 박사가 방문한 부족은 특히나 서구사회로부터 단절된 지역이었다. 이 사람들은 TV는 물론이고 영화도 본 적이 없었다.

통역가의 도움을 받아 박사는 뉴기니 사람들에게 미국인들의 얼굴표정을 보여주고, 그 미국인들이 사진 속에서 어떤 감정인지 추측해보라고 물었다. 에크먼 박사는 이들의 추측이 매우 정확하다는 것을 알고 충격받았다.[6] 정반대의 실험도 진행했다. 박사가 감정을 설명하면 실험참가자들은 재빨리 그에 맞는 얼굴표정을 지어 보였다. 전 세계에서 이 실험을 여러 차례 반복한 결과, 에크먼 박사는 보편적인 7가지 미세표정을 구분해냈다.

미세표정이란, 인간이 격렬한 감정을 느낄 때 짓는 순간적이고 무의식적인 얼굴표정을 말한다. 문화나 성별, 혹은 인종과는 상관 없이 인간은 이 표정을 짓는다. 이것이 미세표정을 읽는 것이 인간 관계에서 가치 있는 이유다. 모든 사람은 7가지 표정으로 말하는 덫에 갇혀 있기 때문에, 우리는 이를 짚어내고 해독할 수 있다.

전략 6

말 뒤에 숨겨진 진심을 읽어내라

미세표정을 알기 위해서는 말 뒤에 숨은 정서적 의도를 찾아야 한 다. 나는 이 전략을 '암호해독'이라고 부르려고 한다. 암호해독 전 략을 활용하려면 먼저 말로 표현한 감정이 얼굴에 드러난 감정과 '일치'하는지 살펴봐야 한다. 당신의 아내가 "괜찮다."고 말하지만 분노의 미세표정을 하고 있다면, 아마 아내는 전혀 괜찮지 않을 것 이다.

또한 미세표정은 1초도 안 되는 시간 동안 재빨리 지나간다. 1초 보다 길면 그건 보통의 얼굴표정이다. 이게 왜 중요하냐고? 1초 미 만의 미세표정은 통제되지 않기 때문에 감정을 들여다보는 정직한 관점이 된다. 따라서 정확한 해석을 위해 아이콘택트를 하고 찰나 의 표정을 읽어야 한다.

○

1단계: 상대의 감정을 꿰뚫어보기

상대와 이야기를 나눌 때 당신이 눈여겨봐야 하는 7가지 반응이 있다(디지털보너스 수록).[7]

1. 분노

우리는 기분이 상했거나 방해받는 상황, 나쁜 뉴스를 전달할 때, 말다툼이나 싸움 직전에 화가 난 신호를 보낸다. 화가 난 미세표정은 다음과 같은 특징을 지닌다.

- 눈썹이 처지고 한곳으로 몰린다.
- 미간에 수직 주름이 2줄 생긴다.
- 눈 아랫부분이 팽팽해진다.
- 입술이 팽팽해진다. 굳게 다물든지 고함치려는 모습이다.

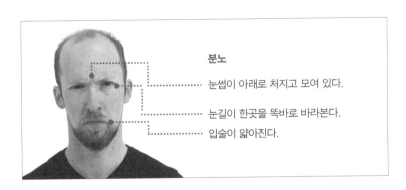

분노

눈썹이 아래로 처지고 모여 있다.

눈길이 한곳을 똑바로 바라본다.

입술이 얇아진다.

단, 누군가 정면에서 피해를 입고 있거나, 카메라 앞에 서고 싶지 않은데 의도치 않게 서게 되면 분노의 표정으로 사진에 찍힐 수 있다.

2. 경멸

경멸은 종종 '억지웃음'이라고 불리는데, 한쪽 입꼬리만 올라가기 때문이다. 경멸의 미세표정은 우리를 혼란스럽게 만든다. 2만 2,000명이 참가한 미세표정 알아맞히기 퀴즈(디지털보너스 수록)에서 경멸은 가장 오답이 많았던 문제다. 모든 감정 중에서 경멸은 40%의 사람들을 쩔쩔매게 만들었다. 경멸의 억지웃음은 애매한 웃음이나 지루한 감정 상태로 오해하기 쉽기 때문이다.

이는 진실과 정반대이므로 주의해서 구별해야 한다. 누군가에게 "아니오."라고 말해야 할 때, 싫어하는 것을 듣거나 마주할 때, 의견충돌이 있거나 거절당한 직후에 경멸의 미세표정은 다음과 같이 나타난다.

- 한쪽 뺨이 올라간다.
- 한쪽 입꼬리가 올라간다.

단, 살짝 미소를 띠려고 생각했다가 의도치 않게 경멸의 표정을 지을 수 있다.

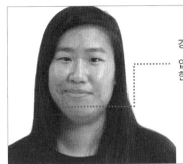

경멸

입꼬리가 팽팽해지며
한쪽으로만 치켜 올라간다.

3. 행복

진정한 행복은 광대뼈가 승천하는 걸로 표현된다. 눈가에 사랑스
러운 주름이 잡힐 때 진정한 미소를 짓고 있다는 걸 알 수 있다. 누
군가를 축하할 때, 좋은 소식을 전할 때, 기쁘거나 긍정적인 경험을
할 때 행복의 미세표정은 다음과 같이 나타난다.

- 입술 양쪽이 똑같이 팽팽하게 펴진다.
- 이가 보이게 입술이 벌어질 때도 있다.
- 광대뼈 위쪽 근육이 당겨진다.
- 두 눈가에 주름이 잡힌다.

누군가 진짜 감정을 숨기려 할 때, 피곤하거나 지쳤지만 긍정적
인 모습을 보여주고 싶을 때 가끔은 거짓된 행복의 표정을 지을 수
있다. 또는 사진 찍을 때 느긋하게 보이려다가 의도치 않게 행복한

척하는 가짜 표정이 나올 수 있다.

4. 공포

얼굴표정은 우리가 위협에 신속하고도 정확하게 반응할 수 있도록 돕는다. 두려움에 처했을 때 눈은 커지고 눈썹은 이마까지 치켜 올라간다. 그래야 탈출 방법이나 잠재적인 위협을 찾아내기 위해 주변을 살필 수 있게 된다. 그러고 나서 입이 벌어지고 가쁘게 숨을 내쉬게 된다. 살려달라고 소리치거나 도망가기 위해 산소를 공급받기 위해서다. 위험한 상황이거나, 누군가에게 어려운 정보를 전달할 때, 잘 모르거나 혼란스러운 대화를 나눌 때 공포의 미세표정은 다음과 같이 나타난다.

- 눈이 커진다.
- 눈꺼풀이 올라간다.
- 이마 중심을 향해 눈썹이 그대로 올라간다.
- 입이 살짝 벌어진다.

단, 카메라 플래시 때문에 순간적으로 눈이 너무 부셨거나, 사진을 찍을 때 지나치게 긴장하면 공포의 표정이 잘못 나타나기도 한다.

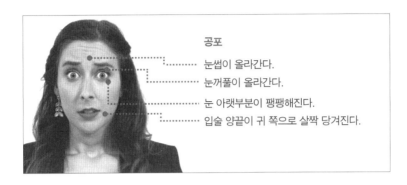

공포
······· 눈썹이 올라간다.
······· 눈꺼풀이 올라간다.
······· 눈 아랫부분이 팽팽해진다.
······· 입술 양끝이 귀 쪽으로 살짝 당겨진다.

5. 놀라움

놀라움은 진실을 그대로 전하는 감정이다. 예를 들어 동료에게 "내가 프로젝트에서 잘릴 거라는 걸 알았어?"라고 물을 때 그 동료가 전혀 몰랐다는 걸 '놀라움'의 미세표정을 통해 알 수 있다. 만약 그들이 '공포'의 미세표정을 지었다면, 이미 그 사실을 알고 있었다는 단서가 될 수 있다.

놀라움은 감지하기 쉽다. 왜냐하면 7가지 미세표정 가운데 지속 시간이 가장 길기 때문이다. 기대치 못한 소식을 전할 때, 충격적인 결말을 지닌 이야기를 나눌 때, 경이롭거나 놀라운 누군가를 만났을 때 놀라움의 미세표정은 다음과 같이 나타난다.

- 눈썹이 동그랗게 올라간다.

- 눈이 커진다.
- 입이 떡 벌어진다.
- 숨을 들이마신다.

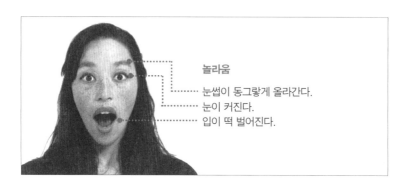

놀라움
눈썹이 동그랗게 올라간다.
눈이 커진다.
입이 떡 벌어진다.

공포와 놀라움의 미세표정을 많이 헷갈리는데, 이 차이를 알 수 있는 가장 쉬운 방법은 바로 '눈썹의 모양'이다. 이마를 가로지르는 수평선과 눈썹이 평행을 이루면 공포의 표정이다. 놀란 상황에서 눈썹은 봉긋한 산처럼 둥그런 모양을 그린다.

놀라움 vs. 공포

6. 혐오

뭔가 불쾌하거나 역겹거나 아니꼬운 걸 경험할 때 혐오가 드러난다. 난생 처음 시금치를 먹는 아이를 상상해보자. "웩!" 소리를 내는 이 아이의 콧등엔 주름이 잡히고 윗니가 살짝 보일 것이다. 누군가 지독한 냄새를 맡거나 맛없는 걸 먹었을 때, 어떤 사람이나 생각이 마음에 들지 않을 때, 불쾌한 대화를 나눌 때 혐오의 미세표정은 다음과 같이 나타난다.

- 콧등에 주름이 잡힌다.
- 윗입술이 위로 들린다.
- 두 뺨이 올라간다.
- 눈 아랫부분이 팽팽해진다.

혐오
콧등에 주름이 잡힌다.
윗입술이 위로 들린다.

단, 사진 찍기 싫어하는 사람들이 억지로 행복해 보이는 척할 때 혐오의 미세표정이 잘못 나타날 수 있다.

7. 슬픔

슬픔은 거짓으로 꾸미기에 가장 어려운 미세표정이다. 따라서 상대방이 슬픈 표정을 지으면 당신은 그의 마음속 깊은 곳을 건드린 것이다. 또한 울음의 전조가 되는 표정이므로, 누군가 울음을 터뜨릴 것인지 예측할 수 있다. 누군가 실망했을 때, 감격하거나 분노했을 때 슬픔의 미세표정은 다음과 같이 나타난다.

- 눈썹이 가운데로 몰린다.
- 눈꺼풀이 축 처진다.
- 아래쪽 입술이 불룩 튀어나오거나 삐죽거린다.
- 입꼬리가 아래로 내려가 찡그린 표정이 된다.

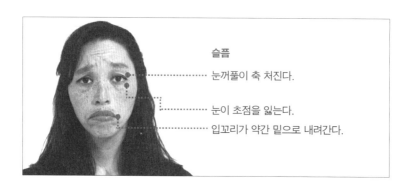

슬픔
·············· 눈꺼풀이 축 처진다.
·············· 눈이 초점을 잃는다.
·············· 입꼬리가 약간 밑으로 내려간다.

○

2단계: '진짜 감정'을 알았다면 적절히 반응하기

미세표정을 읽고 누군가의 감정 상태를 꿰뚫어보게 되었는가? 당신이 어떤 반응을 보일 것인지가 더 중요하다. 7가지 감정에 따라 반응하는 전략들을 소개한다.

1. 분노

분노를 마주할 때 나는 '기회'를 떠올린다. 왜냐고? 화가 났다는 걸 감지했을 때 이를 설명하고, 오해를 불식시키고, 진실에 다가설 기회가 왔다는 걸 알 수 있기 때문이다.

예를 들어 당신이 새로운 고객에게 프로젝트를 설명하고 있다고 가정해보자. 발표는 유려하게 흘러가고 있고, 고객들은 매우 몰입해서 당신의 주장에 고개를 *끄덕*인다. 이제 가격을 이야기할 차례다. 당신이 이 프로젝트의 비용을 말하자, 고객은 언뜻 당신에게 분노를 내비친다. 회의실 탁자 건너편에서 고객의 미간에 세로줄이 2개 생기는 모습이 당신 눈에 쏙 들어온다.

이때 남은 발표를 계속한다는 건 고객의 암묵적인 질문에 답을 안 하겠다는 의미다. 즉시 발표를 멈추고 어째서 그 비용이 산정되었는지 이유를 차근차근 설명하자. 그러면 고객들이 전체적인 맥락에서 당신의 관점을 이해할 수 있게 된다. 다시 발표로 돌아가기 전에 비용에 대해 더 궁금한 것이 있는지 물어보자. 발표를 마친 후 다시 비용 부분으로 넘어가, 고객들이 여전히 분노하고 있는지 살펴보자.

▶ 어떻게 반응할까?

- **탐험**: 분노가 어디서 비롯되었으며, 어떻게 이를 사그라지게 만들 것인가?
- **침착함 유지**: 공격적이지도 않고, 방어적이지도 않은 태도를 취한다.
- **설명**: 상대방이 덜 위협적으로 느끼도록 어떤 정보를 주면 좋을까?

2. 경멸

경멸의 표정을 보면 나는 '경고'를 떠올린다. 이 감정이 제대로 표출되지 못하면 이내 곪아터져 깊은 멸시와 증오로 자라난다. 따라서 그 감정을 감지하면, 짚고 넘어가야 한다. 다만, 경멸의 표정을 보게 되었다고 해서 그 사람들이 당신을 경멸하는 게 아니란 걸 기억하자.

사람들은 당신과 좋은 관계를 유지하면서도 어떤 아이디어나 상황을 무시할 수 있다. 따라서 무엇이 경멸의 감정을 증폭시켰는지 파악하고, 이에 대해 설명하는 것이 중요하다. 예를 들어 당신은 동료와 새로운 프로젝트에 대해 회의 중이다. 프로젝트 업무를 나누는 방법에 대해서는 쉽게 의견을 모았다. 이제 마감시한을 정할 차례다. 당신이 6주 계획에 대해 이야기하자, 상대방이 경멸의 미세표정을 지었다.

무시하고 넘어간다고? 6주 후 그 동료가 시간이 더 필요하다고 말하면, 당신은 그 뒤처리를 고스란히 감당해야 할지도 모른다. 당신의 동료가 걱정하는 부분이 무엇인지 알아내야 한다. 동료가 생각하는 마감시한은 언제인지, 그를 도와 프로젝트가 제때 완료되도록 재검토할 수 있는지, 새로운 마감시한을 정하거나 업무를 다시 조정해본다.

▶ 어떻게 반응할까?

- 원인 찾기: 정확히 무엇 때문에 경멸의 표정이 나왔는가?

- 재검토: 경멸을 산 이슈를 어떻게 해결할 것인가?

- 좋은 관계 쌓기: 어느 지점에서 동의를 이끌어낼 수 있는가?

3. 행복

당신의 남편이 직장에서 좋은 일이 있었다고 가정해보자. 당신이 저녁을 준비하고 있는데, 그가 문을 벌컥 열고 들어온다. 콧노래를 부르며 코트를 벗더니 부엌에 들어서며 큰소리로 말한다. "자기야, 나 오늘 정말 좋은 소식이 있어!"

그는 백허그를 하며 축하주로 쓸 샴페인이 있냐고 묻는다. 당신이 몸을 돌리자 그는 얼굴 가득 미소를 띠고 있다. 당신은 말한다. "자기야, 조심해. 파스타 뜨거워. 나 지금 계속 냄비를 저어야 해. 저녁 먹으면서 그 소식이 뭔지 알려줘." 당신의 남편은 김이 새버렸다. 어떻게 하면 좋았을까?

남편이 신나 있을 때 당신도 신나면 된다. "얘기해줘! 얘기해줘! 잠깐 불만 줄일게. 몽땅 다 얘기해줘."라고 소리를 지른다. 당신이 샴페인을 꺼내는 동안 그는 직장에서 엄청난 성과를 올린 일에 대해 이야기를 늘어놓는다. 저녁식사는 조금 늦어져도 괜찮다. 둘은 잔을 부딪치며 함께 최고의 기쁨을 만끽할 테니!

▶ 어떻게 반응할까?

- **축하**: 상대방과 함께 웃고 그 순간을 즐긴다.
- **강조**: 세부적인 내용을 물으면서 상대방의 즐거움에 동승한다.
- **감사**: 행복한 순간을 나와 함께하려고 해서 정말 신난다고 말한다.

4. 공포

어머니의 환갑에 당신은 어머니가 요리하면서 드라마를 보실 수 있도록 태블릿PC를 준비했다. 저녁을 먹은 후 어머니가 선물을 열어보기 시작한다. 기대에 가득 차 포장지를 뜯으시더니 어머니의 얼굴에 공포의 미세표정이 스친다. 그러고 나서 어머니는 서둘러 케이크를 자르기 시작한다.

이 표정을 포착하지 못했다면 당신은 몇 주 후, 어머니가 여전히 선물을 꺼내보지도 않는 것에 서운할 것이다. '어머니는 쓰시지도 않는 태블릿PC를 난 뭐 하러 사드렸을까?'

당신은 케이크를 먹은 후 어머니에게 선물이 마음에 드는지 살짝 여쭤봐야 한다. "당연히 좋지!"라고 어머니는 말씀하시겠지만, 당신은 그 공포의 표정을 다시 잡아낸다. 당신은 어머니에게 사용법을 알려드리겠다고 약속한다. 몇 번을 연습하고 난 후 어머니는 드라마를 보고 이메일을 주고받는 법을 익힌다. 또한 당신은 어머니를 위해 무료 요리 강좌를 신청해놓는다. 하루는 어머니가 신규 어플 리스트에서 원하는 것을 다운받았다고 자랑하신다. 성공이다!

▶ 어떻게 반응할까?

- **고심**: 위협이 되는 것은 무엇인가? 불편함의 원인은 무엇인가?

- **완화**: 어떻게 하면 안정감을 느끼게 만들 수 있을까?

- **위안**: 안심시키고, 재검토하고, 위협을 제거할 수 있는가?

5. 놀라움

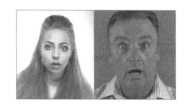

대학 동기와 점심을 먹고 있는 당신은 문득 다른 동기의 기쁜 소식이 생각났다. "너 그거 알지? 로비가 얼마 전에 약혼했잖아!" 친구의 얼굴에 놀라움이 스친다. 친구는 전혀 몰랐다는 신호다. 이 미세 표정을 그냥 넘어간다면? 친구가 약혼 소식을 아는 줄 알았던 당신은 관련된 이야기를 주저리주저리 이야기했다. 자칫 당사자인 로비가 아직 꺼내지 않은 약혼 소식을 생각 없이 전했다는 말을 듣게 될 수도 있다.

친구의 놀라움을 감지하자마자 당신은 바로잡아야 한다. 친구가 아직 모른다고 판단한 후 "음…, 있잖아. 분명 로비는 자기가 직접 사람들에게 이야기하고 싶어 할 거야. 그러니까 로비가 이야기하기 전까진 우리 이 얘기를 덮어두는 게 어떨까?"이로써 비상사태를 막을 수 있다.

6. 혐오

혐오의 표정을 보면 이 혐오의 근간을 자세히 알아봐야 한다. 사람들은 자기가 뭔가를 싫어한다고 예의바르게 말할 방법을 생각해내다가 언뜻 혐오를 내비친다. 우리는 사람들을 불쾌하게 만들까 봐 걱정하면서 혐오라는 진정한 감정을 숨기려고 한다. 그러나 진실을 알고 싶다면 사람들이 진짜 기분을 표현할 수 있도록 해줘야 한다.

당신이 새로운 직원을 채용한다고 생각해보자. 인터뷰는 훌륭하게 진행되고 있다. 당신은 탄탄한 이력과 긍정적인 태도를 지닌 지원자가 마음에 쏙 든다. 그런데 당신이 회사의 업무를 설명하면서 이 직무는 서류작업이 많은 편이라고 이야기하자, 지원자에게 순간적으로 혐오의 표정이 스쳤다. 매주 금요일마다 서류를 정리하고 복사하는 업무량이 어마어마한 것이다.

당신은 눈치 없이 그가 업무에 딱 맞는 사람이라고 믿었다. 그가 근무한 첫 달 말쯤 고객용 송장이 1건도 발송되지 않았다는 사실을 깨닫고 당신은 충격을 받는다. 그는 주간 서류작업을 계속 미뤘고, 모든 결제시한을 맞추지 못했다.

면접 볼 때 당신은 지원자에게 과거에도 서류작업을 많이 해봤냐고 물었어야 한다. "아, 아니요. 저는 전략과 아이디어 도출이 전문이에요. 하지만 정리하는 것에는 약해요." 그는 예전 직장에서는 서류작업을 도와주는 보조직원을 따로 두었다고 말한다.

당신은 상사에게 보조직원을 따로 두어야 하니 예산을 늘려달라고 이야기할 수 있다. 그 지원자는 그럴 만한 가치가 있으니, 그의 강점을 최대한 활용하는 대신 약점은 커버해주고 싶은 것이다. 이 사람이 조직에 들어오자 업무 전반에서 효율성이 증가했고, 생산성은 2배가 되었다.

▶ 어떻게 반응할까?
- 허용: 진짜 기분이 어떤지 이야기한다.
- 관용: 모든 사람에겐 자신의 의견을 말할 자격이 있다.
- 해결: 싫은 점을 어떻게 하면 바꿀 수 있을까?

7. 슬픔

화장실을 리모델링하기 위해 인테리어 업자와 계약을 앞두었다고 가정해보자. 이웃들이 이 업자를 강력히 추천했고, 당신은 그가 한 작업들이 마음에 들었다. 그동안은 전화로 이야기를 나눴지만 오늘은 공사 범위를 정하고 견적을 받을 예정이다. 사실 빠듯한 예산이 부담되는 상황이라 견적 가격이 얼마나 나올지 몹시 긴장하고 있다. 업자가 집에 도착하자 당신은 악수를 건넸고, 업자는 반가운 인사말로 손을 잡았다. 순간적으로 슬픔의 미세표정이 눈에 들어온다.

당신은 슬픈 감정을 감지하고 묻는다. "별일 없으세요?" 인테리어 업자가 한숨을 내쉬며 말한다. "기나긴 하루네요. 당신도 가끔 그런가요?" 당신은 그에게 물 한잔을 건네고는 "힘들죠. 무슨 일이 있으신가 봐요."라고 묻는다. 그는 자기 아버지가 병원에 갔다는 사실을 방금 알게 됐다고 말한다. 그는 당신과의 약속이 끝나야 병원으로 가 아버지를 볼 수 있는 것이다. 당신은 그에게 다음에 다시 만나자고 말한다. 아버지와 함께 있어야 하는 게 당연하니까.

다음 날, 인테리어 업자가 전화를 걸어와 걱정한 만큼 큰일은 아니었다고 말한다. 하지만 당신이 자신을 배려해준 데 너무 감사하다면서 기쁜 마음으로 오후에 찾아와 당신에게 아주 저렴한 견적비를 제시했다. 만약 그날 그의 표정을 눈치 채지 못했거나 모른 체하고 일을 강행했다면, 당신은 예상치 못한 금액에 당황하고 새로운 업자를 알아봐야 했을 수 있다.

▶ 어떻게 반응할까?

- **이해**: 무엇 때문에 슬픈가?
- **공감**: 당신이 도울 수 있는 방법은 무엇인가?
- **간격**: 상대방은 회복할 때까지 얼마나 시간이 필요한가?

O

3단계: '예외'를 이해하기

7가지 미세표정이 보편적이지만, 표정반응의 세계에 뛰어들기 전에 주의해야 할 몇 가지 예외가 있다는 걸 얘기하고 싶다.

- 몰두, 집중, 흥미를 뜻하는 눈썹 들어올리기: 한쪽 눈썹만 들어 올리는 건 약간의 놀라움처럼 보일 수 있지만 실제로는 흥미를 나타낸다. 우리는 "아, 정말?" 또는 "대박!"이라고 말하듯 눈썹을 들어 올린다. 당신이 말하다가 뭔가 중요한 걸 강조하기 위해 눈썹을 들어 올릴 수도 있다. 예를 들어, 교사들이 수업 중 특히 중요한 부분을 설명할 때 눈썹을 들어 올린다. 이는 무의식적으로 자기의 말에 주의를 모으려는 방법이다.

- 의견을 강조할 때 나오는 표정의 구두점: 우리는 이야기하는 내용을 강조하거나 끝내기 위해 재빠른 표정을 사용한다.[8] 예를 들어 초조할 때 입술을 깨물고, 좌절감을 느낄 때 두 뺨을 부풀린다. 누군가 말하면서 미세표정 7가지 가운데 하나를 계속 사용한다면, 이는 그 사람이 자주 쓰는 표정의 구두점일 가능성이 높다. 표정의 구두점은 아이디어를 강조하거나, 의견을 강조할 때 쓰인다.
'아메리칸 아이돌American Idol'에서 출연자들을 가루가 되도록 까는 심사위원 사이먼 코웰Simon Cowell은 경멸을 표정의 구두점으로 사용한다. 그가 비판적인 인간의 전형으로 꼽히는 건 당연하다. 하지만 그에게 경멸의 표정은 자신의 의견을 강조하기 위해서지, 상대방을 조롱하려는 속내를 담고 있는 건 아니다.

- 감정 표현을 감추려는 억누름: 억누름은 미세표정을 숨기려다 나오는 표정이다. 하품을 참으려고 해본 적 있는가? 얼굴표정은 뒤죽박죽이 된다. 미세표정을 숨기거나 억누르려 할 때도 매우 비슷한 모습이 된다. 눈을 질끈 감고 입을 억지로 비틀어 다물면서 뺨 근육이 팽팽해진다. 당황스러움이나 은폐한 거짓말을 뜻할 수도 있다. 누군가 감정을 억누르려고 할 때, 그 사람이 감정을 감추는 원인이 무엇인지 더 깊이 파헤칠 필요가 있다.

셀카를 보면 사람의 성향이 보인다

면접관은 면접자를 만나기 전에 증명사진이 들어간 이력서를 받아 본다. 소개팅하기 전에는 프로필 사진으로 얼굴을 미리 볼 수 있다. 여기서 질문. 당신의 디지털 미세표정은 어떤가?

프린스턴 대학교의 알렉산더 토도로프Alexander Todorov 박사는 온라인에서 누군가의 사진을 본지 0.1초 안에 그 사람에 대한 순간적인 판단이 이뤄진다는 걸 발견했다.[9] 또 다른 실험에서 토도로프 박사는 한 사람의 여러 가지 사진이 완전히 다른 첫인상을 만들 수 있다는 걸 발견했다. 실험참가자들은 어떤 사진을 보느냐에 따라 그 사람의 지성, 신뢰성, 매력도 등에 관해 마음을 바꿨다.[10]

나는 사람들에게 처음 보는 사람의 사진 400장에 점수를 매기게 한 결과, 가장 낮은 점수를 받은 사진들은 일정한 패턴을 보이는 것을 발견했다. 가짜미소나 입을 굳게 다문 미소는 낮은 점수를 받았다. 당신의 프로필 사진이 의도치 않게 부정적인 미세표정을 짓고 있는 건 아닌지 확인해보자. 다음은 흔히 저지르는 실수다.

- 편안하게 보이려다가 경멸의 표정을 짓는다.
- 진짜미소 대신 행복한 척하는 모습을 보인다.

- 햇볕 때문에 눈이 부셔서 분노의 표정을 지은 것처럼 보인다.
- 카메라 플래시 때문에 눈을 껌뻑이거나 움찔하다가 우연히 공포의 표정을 짓는다.

나는 실수를 피하고 완벽한 셀카를 찍는 법에 대해 무료 가이드 북을 만들었다. 어떤 사진을 선택해서 올릴지, 친구들의 셀카가 어떤 메시지를 전달하는지 짐작할 수 있다(디지털보너스 수록).

마지막으로 기억해야 할 것은, 본능에 따르라는 것이다. 어떤 얼굴표정이 무슨 뜻인지 읽을 수 없다면 그 표정을 흉내내보자. 얼굴표정을 따라 해보면, 그 표정이 의미하는 감정이 느껴지기도 한다. '표정 피드백 가설' 때문이다.[11]

이 가설에 따르면 우리의 얼굴표정과 감정은 하나의 고리로 연결되어 있다. 어떤 표정을 의도적으로 지었을 때 그 감정을 느낄 수 있다. 이는 훌륭한 비법이다. 상대가 어떻게 느끼는지 함께 느끼고 싶다면, 그 사람의 내면을 잠시 들여다보기 위해 그 사람의 표정을 따라 해보자.

─────────────────────────────────── **도전과제**

1 ── TV 프로그램을 보고 사람들의 얼굴표정을 읽는 법을 연습한다. 278쪽의 미세표정 플래시 카드를 잘라내 사용해보자.

─────────────────────────────────── **복습**

보편적인 미세표정에는 7가지가 있다. 그 표정을 읽는 법을 알게 되면 말 뒤에 숨겨진 진짜 감정을 읽어낼 수 있다. 암호해독은 상대방의 감정적인 욕구를 이해함으로써 인연을 한층 더 발전시키는 전략이다.

• 대화하는 도중에 상대의 미세표정을 염두에 두자.
• 표정의 구두점을 보고, 그 안에 부정적인 감정이 담겨 있다고 오해하지 말자.
• 표정을 읽을 수 없다면 그 표정을 따라 해보자.

내가 이번 장에서 얻은 가장 큰 교훈은: _____

_____

_____

_____

_____

_____

_____

_____

_____

당신의 성격은 어떤가요?

—

매트릭스 작성하기

사람의 천성은 바꿀 수 없다. 당신과 함께 살아가는 사람들을 바꾸려고 노력하는
대신 그 사람의 행동을 해석하고, 예측하는 방법을 배워야 한다. '5요인 모델(five-
factor model)'은 모든 사람이 5가지 기본 특성을 지닌다고 보는 심리학 이론이다.
타인의 성격을 꿰뚫어보기에 앞서 나는 어떤 성격을 가지고 있는지 진단해보자.

개방성 ●

다음 문장을 읽고 자신의 모습에 가까운 것에 체크하자(중복 체크 가능). 체크한 문항의 개수를 바탕으로 아래 개방성 척도에서 당신의 위치를 표시해보자.

개방성 정도가 높을 때 [+1]

☐ 호기심이 많다.

☐ 새로운 것들을 시도해보길 좋아한다.

☐ 모험을 좋아하고 약간의 몽상가 기질이 있다.

☐ 비현실적이거나 집중하지 못하는 걸로 비칠 수도 있다.

개방성 정도가 낮을 때 [-1]

☐ 습관, 관례, 일상을 사랑한다.

☐ 전통을 존중하고 따른다.

☐ 좀 더 실용적이고, 데이터를 기반으로 움직인다.

☐ 폐쇄적이고 융통성 없는 사람으로 보일 수 있다.

```
낮음 ◀-------------------+-------------------▶ 높음
( 4)                     0                    (+4)
```

성실성 ●

다음 문장을 읽고 자신의 모습에 가까운 것에 체크하자(중복 체크 가능). 체크한 문항의 개수를 바탕으로 아래 성실성 척도에서 당신의 위치를 표시해보자.

성실성 정도가 높을 때 [+1]

☐ 매우 체계적이고 세부사항을 중시한다.

☐ 해야 할 일을 목록으로 만들고 계획을 세우는 걸 좋아한다.

☐ 완벽주의자다.

☐ 지배적이고 융통성 없는 사람으로 보일 수 있다.

성실성 정도가 낮을 때 [-1]

☐ 개괄적인 아이디어를 좋아하고, 세부적인 것에 집착하지 않는다.

☐ 매우 유연하다.

☐ 계획이나 스케줄에 갇혀 있는 걸 싫어한다.

☐ 설렁설렁한 사람이거나 믿을 수 없는 사람으로 보일 수 있다.

낮음 ◄------------------+------------------► 높음
(-4)   0   (+4)

외향성 ─────────────────────────────────────●

다음 문장을 읽고 자신의 모습에 가까운 것에 체크하자(중복 체크 가능). 체크한 문항의 개수를 바탕으로 아래 외향성 척도에서 당신의 위치를 표시해보자.

외향성 정도가 높을 때 [+1]

☐ 수다스럽고 대화를 먼저 시작하는 경향이 있다.

☐ 적극적이고 의견을 잘 표현한다.

☐ 다른 사람들과 함께 있을 때 힘을 얻고 생기를 되찾는다.

☐ 독불장군이나 지나치게 관심을 받고 싶은 사람으로 비칠 수 있다.

외향성 정도가 낮을 때 [–1]

☐ 수줍어하고 속마음을 잘 터놓지 않는다.

☐ 혼자 있는 시간을 즐긴다. 많은 사람과 있을 때 기가 빨린다.

☐ 프라이버시를 중시하고 개인적인 이야기를 나누는 걸 다소 꺼린다.

☐ 냉정한 사람으로 보일 수 있다.

낮음 ◄------------------+------------------► 높음
(-4)   0   (+4)

우호성 ─────────────────────────────────────●

다음 문장을 읽고 자신의 모습에 가까운 것에 체크하자(중복 체크 가능). 체크한 문항의 개수를 바탕으로 아래 우호성 척도에서 당신의 위치를 표시해보자.

우호성 정도가 높을 때 [+1]

□ 다른 사람들과 쉽게 친해지는 경향이 있다.

□ 팀으로 일하는 걸 좋아한다.

□ 다른 사람의 부탁에 항상 "그래."라고 대답한다.

□ 호구 또는 수동적인 사람으로 보일 수 있다.

우호성 정도가 낮을 때 [−1]

□ 팀으로 일할 때 더 힘들어한다.

□ 다른 사람의 동기를 종종 의심한다.

□ 다른 사람의 부탁에 항상 "안 된다."고 대답한다.

□ 경쟁적이거나 도전적인 사람으로 보일 수 있다.

```
낮음 ◄-------------------+-------------------► 높음
(-4)                    0                    (+4)
```

신경증 ────────────────────────────────●

다음 문장을 읽고 자신의 모습에 가까운 것에 체크하자(중복 체크 가능). 체크한 문항의 개수를 바탕으로 아래 신경증 척도에서 당신의 위치를 표시해보자.

신경증 정도가 높을 때 [+1]

□ 싸움꾼이다.

□ 기분이 쉽게 바뀐다.

□ 예민하다.

□ 너무 감정적이거나 불안한 사람으로 보일 수 있다.

신경증 정도가 낮을 때 [−1]

□ 차분하고 안정적이다.

□ 보통 조용하다.

□ 모든 일이 '결국엔 잘될 것'이라는 믿음이 있다.

□ 감정이 무디거나 냉정한 사람으로 보일 수 있다.

```
낮음 ◄-------------------+-------------------► 높음
(-4)                    0                    (+4)
```

나의 매트리스 작성하기 ●

몇몇 척도에서 높지도 낮지도 않은 중간 지점에 위치한다고? 이는 완전히 정상이다. 때에 따라 정도가 높게 나타날 수도, 낮게 나타날 수도 있는 사람은 중간에 속한다. 예를 들어, 외향성 척도에서 중간 지점에 위치하는 사람은 '양향 성격자'다. 어떤 상황에서는 사교적이지만, 다른 상황에서는 마음의 문을 닫는 것이다(1장에서 언급한 성공 장소와 실패 장소에서 극명하게 나타난다).

대부분의 시간에 당신이 어떤 성격을 내보이는지 생각해보자. 당신이 이 책에서 무엇을 얻고 싶은지에 따라 당신이 직장에서, 또는 사교적인 상황에서 느끼는 특성을 평가에서 제외할 수도 있다.

각 척도에 표시한 것을 바탕으로 다음 매트릭스의 빈칸을 채워보자. 점수가 낮게 나온 특성에는 아래를 향하는 화살표(↓)를, 점수가 높게 나온 특성에는 위를 향하는 화살표(↑)를, 그리고 중간 성향에는 등호(=)를 그려 넣는다(144쪽 참고). 완성된 매트릭스를 가지고 이제 페이지를 넘겨 성격을 분석해보자.

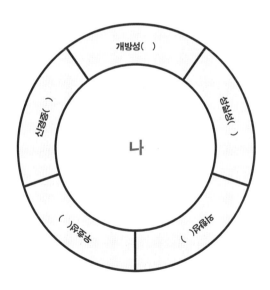

해법을 찾아라

상대방의 성격을 꿰뚫어보는 법

5요인 모델은 1980년대 과학자 루이스 골드버그[Lewis Goldberg]가 인간의 성격을 파악하는 데 이 모델이 가장 정확하다는 결론을 내리며, '빅 파이브[Big Five]'라는 별명을 붙이기도 했다.[1] 그때부터 빅 파이브는 학문적인 표준으로 활용됐고, 어떤 성격유형검사보다 좀 더 신뢰도가 높은 것으로 인정받고 있다. 앞서 우리는 자기평가를 했다. 그리고 개방성, 성실성, 외향성, 우호성, 신경증의 특성은 사람마다 높거나 낮은 점수를 보인다.[2] 각 척도가 나타내는 성격적 특성은 다음과 같다.[3]

- **개방성**: 새로운 아이디어에 어떻게 접근하는지를 반영한다. 이는 당신이 얼마나 호기심이 넘치는지, 얼마나 창조적인지, 그리고 다양성과 독창성을 어떻게 받아들이는지를 보여준다.

  ▶ **높음**: 새로움, 변화, 모험을 즐긴다.

  ▶ **낮음**: 전통, 관례, 습관을 중요시한다.

- **성실성**: 일에 접근하는 방식을 의미한다. 자기관리, 준비성, 신뢰도 등을 측정한다.

  ▶ **높음**: 목록 작성, 정리정돈, 스케줄 짜기를 좋아한다. 세부적인 부분까지 파고들어 일을 '완벽히' 해내는 것을 즐긴다.

  ▶ **낮음**: 큰 그림을 그리고 전략을 짜는 걸 좋아한다. 빡빡한 리스트와 스케줄이 숨 막히고 피곤하다고 생각할 수도 있다.

- **외향성**: 사람들에게 어떻게 접근하는지를 보여준다. 사교생활에서 힘을 얻는가, 아니면 진이 빠지는가? 이는 당신이 얼마나 말을 잘하는지, 얼마나 낙천적인지와 연결된다.

  ▶ **높음**: 사람들과 있을 때 힘을 얻는다. 늘 명랑하고, 사람들과 만날 기회를 노린다.

  ▶ **낮음**: 혼자 있길 바라고, 사람들과 있을 때 지친다고 느낀다.

- **우호성**: 다른 사람과 어떻게 협력하는지를 보여준다. 당신이 얼마나 공감을 잘하고, 쉽게 용서하는지를 나타낸다. 다른 사

람의 감정에 얼마나 관심을 기울이는지도 이 특성에 포함된다.

▶ **높음:** 함께 어울리기 쉽고, 사람들을 잘 이해하며, 다른 사람을 돌보는 걸 즐긴다.

▶ **낮음:** 좀 더 분석적이고, 실용적이며, 회의적이다. 결정을 내릴 때 감정적이기보다 이성적이다.

• **신경증:** 걱정에 어떻게 대처하는지를 보여준다. 또한 당신이 어떤 환경에 놓였을 때 감정적으로 어떻게 반응하는지를 설명해준다.

▶ **높음:** 걱정이 많다. 감정이 수시로 변한다.

▶ **낮음:** 보통 잔잔하고, 안정적이며, 감정의 기복이 거의 없다.

나는 내 인생에서 중요한 사람들의 행동패턴을 실펴봄으로써 이 사람들에 대해 '맞추기' 시작했다. 나는 재미로 사람들마다 소소한 암호를 만들었다. 그러고 나서 그 사람들의 선택과 태도, 행동을 바탕으로 이 사람들이 각 카테고리에서 어떤 모습을 보이는지를 추측해나갔다.

나는 이러한 암호 하나하나를 매트릭스라 부르게 됐다. 그렇게 그 사람들의 행동을 예측하고 최대한 활용하는 데 이 매트릭스를 사용했다. 이를 통해 나는 가장 강력한 인간행동 전략을 갖추게 됐다. 바로 '스피드 리딩speed reading'이다.

전략 7

스피드 리딩으로 리드하라

모든 전략 가운데 사람들이 가장 신나서 이메일을 보내오는 주제가 바로 이 스피드 리딩이다. 스피드 리딩은 3단계로 이뤄진다. 우선 나의 성격을 파악한 후, 상대의 성격을 파악한다. 그러고 나서 그와 어떻게 타협하고 상황을 최대한 활용할 수 있을지 결정한다.

나의 경험을 예로 들어보겠다. 내 연구실에 채용한 인턴이 업무를 완수하는 데 어려움을 겪고 있었다. 이 인턴의 이름을 에바라고 하자. 나는 그녀에게 더 자세히 지시사항을 알려주면 된다고 생각했다. 그러나 그 이후에도 에바가 끝내지 못한 프로젝트들이 남은 팀원들에게 부담을 주고 있었다. 나는 에바와 점심을 먹으며 그녀가 좋아할 만한 몇몇 새로운 프로젝트들을 제안했다.

일주일 후 나는 우리가 이야기를 나눴던 업무들을 에바가 시작조차 하지 않았다는 것을 알게 됐다. 나는 그녀에게 유능한 팀원을 멘토로 붙여주었지만, 일주일이 지나 에바는 나에게 회사를 그만두겠다고 말했다. 나는 당황스러웠다. 뭐가 문제였을까?

답은 간단했다. 나는 그녀의 매트릭스를 해독하는 데 실패한 것이다. 나는 내 성격 특성을 바탕으로 에바를 대했고, 그녀는 그게 맞지 않았던 것이다. 당연히도 결과는 좋지 않았다.

1단계: 나의 성격 파악하기

나의 매트릭스를 파악하는 것은 스피드 리딩을 위한 첫 단계다. 위의 그림은 내 매트릭스다. 매트릭스를 어떻게 해석하는지 알려주기 위해 그에 대한 설명을 더했다.

- 높은 개방성: 나는 호기심이 넘치고 실험해보는 걸 좋아한다. 나는 에바도 직장에서 새로운 업무를 맡고 기술을 배우는 걸 즐거워할 거라 믿었다. 내가 하고 싶은 것들을 바탕으로 그녀에게 프로젝트를 맡겼다.
- 높은 성실성: 나는 계획하고, 할 일 목록을 만드는 걸 즐긴다. 나는 에바를 안심시키고 이끌기 위해 점점 더 많은 세부사항을 그녀에게 보냈다.
- 높은 신경증: 나는 우리 팀에 속한 모든 사람이 행복한지 과할 정도로 확인하곤 한다. 나는 에바에게도 이를 끊임없이 확인하고 싶어 했고, 이는 에바에게 부담을 주었다.

- 중간 정도의 외향성과 우호성: 나는 올바른 환경이나 내 성공 장소에서 사람들과 일하고 싶어 한다. 나는 에바에게 맞는 환경을 고려하지 않았다.

○

2단계: 상대의 성격 파악하기

나는 에바로부터 회사를 관두겠다는 이메일을 받고 나서 그녀의 성격을 파악하기 위해 재빨리 종이를 꺼내들었다. 내가 다른 사람의 매트릭스를 파악하기 위한 시스템을 만든 것도 이때부터다.

보다시피 에바는 나와 거의 정반대다. 우리가 함께 보냈던 시간이 힘겨웠던 이유는 여기에 있었다.

- 낮은 개방성: 에바는 내가 봇물처럼 쏟아내는 프로젝트들에 질렸다.
- 낮은 성실성: 에바는 나의 길고 세세한 이메일에 겁에 질렸다. 그녀는 어떻게 시작할지 몰라서 하나도 시작할 수 없었던

것이다.

- **낮은 외향성**: 에바에게 멘토를 엮어준 것은 그녀를 실패 장소에 밀어 넣은 셈이었다. 설상가상으로 그녀는 도움을 청하는 데 서툴렀다.
- **높은 우호성**: 에바는 내 질문과 프로젝트 제안에 불안한 마음을 감추고 모두 "좋다."고 대답했다. 그녀는 팀의 흐름에 방해되거나 나를 실망시키는 걸 두려워했지만, 어떻게 해야 모든 일이 제대로 돌아가는지 알 수 없었다.
- **중간 정도의 신경증**: 에바는 내 걱정들을 이해하는 데 어려움을 겪었을 것이다. 내가 자기에 대해 계속 확인하는 것이 약간 불쾌했을 것이다.

마침내 나는 그녀의 행동을 이해했고, 왜 생산적인 면에서 실패를 거듭했는지 알 수 있게 됐다. 이제 당신이 만나는 사람들의 성격을 추측해보는 연습을 시작하자. 성격을 직접 물어보는 것은 누군가의 매트릭스를 작성하는 가장 쉽고 단순한 방식이다.

또는 상대방의 몸짓, 언어, 행동을 통해 성격 매트릭스를 파악할 수도 있다. 지금까지 내가 당신에게 알려줬던 모든 전략은 다 이 순간을 위해서였다. 누군가와 이야기할 때 언어적 단서에 귀를 기울이고, 비언어적 단서에 눈길을 주자.

심리학자 샘 고슬링Sam Gosling이 '행동적 근거'라고 부르는 것들을 단서로 활용할 수 있다. 고슬링은 사람들의 성격 유형을 파악하기 위해 개인적인 소지품, 방, 업무 공간 등을 분석했다.[4] 다음은 고슬링의 연구를 바탕으로 구성된, 성격적 특성을 판단하게 도와줄 질문 목록이다. 성격을 파악할 수 있는 신뢰성 높은 근거인 '행동'들도 함께 덧붙였다.

▶ 개방성

〈가능한 질문〉

- "곧 휴가 가시나요?"
- "전 얼마 전에야 처음으로 _____를 해봤어요. 전에 _____ 해본 적 있으세요?"
- "최근에 새로 연 레스토랑 중 가본 곳이 있으세요?"

〈행동〉

- 개방성이 높은 사람은 새로운 장소나 식당, 아니면 여행을 좋아한다. 혹은 새로운 일들을 더 많이 경험하고 싶어 한다. 이들은 집에 자질구레한 여행 기념품이 여기저기에 놓여 있고, SNS에 이국적인 사진을 올린다. 책과 음악 취향이 다양하며, 탐구심이 높다.
- 개방성이 낮은 사람은 매년 똑같은 휴가지나 식당만 간다던지 집에 있는 걸 더 좋아한다. 안정된 일상과 습관을 지니며, 단골 식당의 직원과 친하고 항상 같은 음식만 주문한다.

▶ 성실성

〈가능한 질문〉

- "곧 시작하는 중요한 프로젝트가 있나요?"
- "당신의 계획은 뭔가요?"
- "올해 이루려고 마음먹은 계획이나 새해 다짐이 있나요?"

〈행동〉

- 성실성이 높은 사람은 보통 자기에게 닥칠 일들을 정확히 알고 있고, 예정된 프로젝트에 대해 상세히 이야기할 수 있다. 이들은 외모와 자산을 매우 잘 돌본다. 자신만의 파일 정리체계가 있으며, 세세히 기록한 계획표가 있다. 집에 좋은 조명 시설을 설치해놓는 경향이 있다.

- 성실성이 낮은 사람은 훨씬 느긋하다. 이들은 계획을 세우는 데 약해서 일이 닥치면 어떻게 돌아가는지 보고 나서 '흐름에 몸을 맡기고' 싶어 한다. 이들은 펜을 빌려 쓰고, 전화기를 충전해놓는 걸 깜빡하며, 자주 지각한다. 팬티가 마지막 1장만 남을 때까지 빨래를 미뤄둔다. 책상이 종이쪼가리들과 아직 열지 않은 편지봉투로 지저분한 경향이 있다.

▶ 외향성

〈가능한 질문〉

- "여기에 아는 사람이 있나요?"
- "이번 주말엔 무엇을 하세요?"

- "당신의 이상적인 하루는 어떤 건가요?"

〈행동〉

- 외향성이 높은 사람은 주변 사람들에 대해 더 많이 알길 원한다. 사람들과 더 많은 시간을 보내고, 사교활동 이후에 휴식시간을 필요로 하지 않는다. 혼자만의 시간은 외향적인 사람에게 필수적인 게 아니다. 이들은 좀 더 자주 웃고 더 많은 사람에게 미소를 보인다. 낙천적인 성격일 경우가 많다. 규모가 큰 모임에서도 좀 더 편안히 끼어들고, 크고 자신 있는 몸짓을 한다. 자기 삶과 자신이 이룬 것들에 대해 다른 사람들에게 이야기하길 좋아한다. 이 사람들은 좀 더 자주 문자를 보내고, 이메일도 더 길게 쓴다.

- 외향성이 낮은 사람은 내성적이고 미리 계획된 사교활동이 더 적다. 또는 사람들과의 만남 사이에 혼자만의 시간을 끼워 넣는다. 이들은 조용한 환경에서 일대일로 사람들과 친해지길 선호한다. 또는 이야기를 많이 할 필요가 없는 활동을 하는 걸 더 좋아한다.

▶ 우호성

〈가능한 질문〉

- "저녁으로 뭘 드실래요?"

- "보통 중재자 역할을 하세요?"(형제나 친구관계에서 트러블메이커인지, 중재자인지, 가운데 끼어 있는 역할을 하는지 물어볼 수도 있다.)

〈행동〉

- 우호성이 높은 사람은 보통 "네."가 고정 대답이다. 이들은 "물론이죠. 다른 분들이 하시는 거면 저도 그렇게 해야죠!"라든지 "당신 생각은 어떠신데요?"라는 대답을 내놓는다. 이들은 팔을 크게 흔들며 느긋하게 걷는 경향이 있다. 이 세상의 문제들을 다 자기 것처럼 짊어지고 있다. 자기 주변 사람들의 일을 돕고, 해결하고, 돌봐주고 싶어 한다. 그리고 이 때문에 자기 자신을 돌보지 못할 때가 있다.

- 우호성이 낮은 사람은 보통 "아니오."가 고정 대답이다. 이들은 이해득실을 따져보기 전에 당신의 제안을 무조건 거절할 것이다. 이들은 감정보다는 사실에 의거해 움직인다. 협력보다 옳은 것, 정답을 고르는 게 더 중요하다. 이들은 당신이 어떻게 느끼는지는 알고 싶지 않다. 이들은 인터넷 검색에서 어떤 결과가 나오는지를 더 알고 싶어 한다.

▶ 신경증

〈가능한 질문〉

- "이번 주엔 어떻게 지내셨어요?"

- "요즘 바쁜 철이세요?"

- "제가 꼭 알아야 할 다른 게 또 있나요?"

〈행동〉

- 신경증이 높은 사람은 쉽게 스트레스를 받으며 늘 분주하다.

심지어 스트레스를 받을 일이 없으면 자기가 열심히 하지 않았기 때문이라고 생각한다. 사무실과 집에 영감을 주는 명언들을 붙여놓는 경향이 있다. 스스로를 안정시키고 질서를 좇는 데 이를 활용한다. 발생 가능한 모든 경우의 시나리오를 다 생각해놓고 최악에 대비한다. 신경증 환자는 어두운 색감의 옷을 입는 경우가 많다.

- 신경증이 낮은 사람은 스트레스와 어려움을 더 잘 다룬다. 이들은 바쁠 때조차 그 바쁘다는 사실에 그다지 흔들리지 않는다. 이들은 위기상황에서 함께하기 좋다. 뚝 떨어지게 생각하고 침착함을 유지하면서 모든 사람의 기둥이 되어준다. '무엇이 잘못됐는지' 대신에 '무엇을 잘했는지'에 대해 생각한다. 스트레스를 받는 상황이나 바쁜 상황을 위로하는 것에 서툴다.

사람들이 각 성격적 특성에서 어디쯤에 위치하는지 빠르고 정확하게 파악하기 위해선 연습이 필요하다. 첫인상이 중요한 이유다. 다른 사람에 대한 우리의 첫인상 역시 마찬가지로 중요하다.[5] 좋은 소식은, 당신이 본 첫인상은 76%가량 정확하다는 것이다.[6]

한 연구에 따르면 우리는 얼굴형과 이목구비만 보고 성격과 일반적인 특성을 추측할 수 있다.[7] 예를 들어 우리는 외향적인 사람과 내성적인 사람은 다르게 생겼다고 생각하는 경향이 있다. 다음은 그 연구에서 제시한 몇몇 스펙트럼이다. 페이지를 넘겨 4개의 문항과 사진 예시의 알파벳을 연결해보자. 이 이미지는 각 성격적 특성을 가진 사람이 어떻게 생겼는지를 반영한 결과다.

　　내성적인 사람 → 외향적인 사람 (　　　)

　　믿을 수 없는 사람 → 믿을 만한 사람 (　　　)

　　무능한 사람 → 유능한 사람 (　　　)

　　온순한 사람 → 억압적인 사람 (　　　)

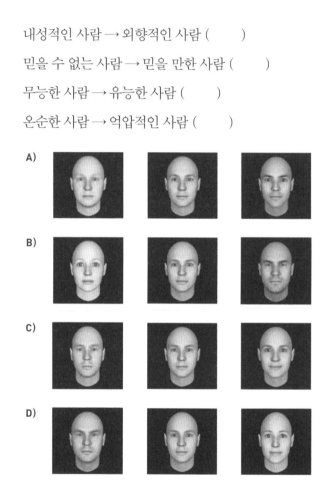

　　추측해보았는가? 정답은 C, D, A, B다. 우리의 뇌는 성격이 가진 '얼굴'을 인식한다. 우리는 직감적으로 외향성, 성실성, 우호성을 매우 정확하게 파악할 수 있다. 이 특성들을 파악할 때는 당신이 받

은 첫인상을 믿어도 좋다.[8]

그러나 누군가의 신경증 정도를 판단하는 건 가장 정확도가 떨어진다. 이를 파악하기 위해서는 질문과 관찰이 뒷받침되어야 한다. 또 온라인 사진과 프로필을 참고해 성격을 파악할 수 있다. 한 연구에 따르면 프로필 사진은 실제 성격을 반영한다.[9]

○

3단계: 맞춰줄 것인가? 타협할 것인가?

상대의 성격을 파악했다면 나의 성격 중 어느 부분과 보완되는지, 또는 갈등을 빚게 되는지 한번 생각해보자. 둘의 성격이 잘 맞는다면 좋은 일이지만, 잘 맞지 않는다면 당신에겐 2가지 선택권이 주어진다. 상대에게 맞추든지, 타협하든지!

	설명	물어볼 질문
맞춰주기	상대에게 맞춰준다는 것은 더 큰 화합을 위해 내 마음속 안식처를 포기하기로 마음먹는 것이다. 이는 다른 사람을 지원하기 위해 내 천성을 거스른다는 의미도 된다. 까다로운 프로젝트에서, 연인과의 말다툼에서, 오랜 친구관계에서 우린 때로 받는 것보다 더 많은 걸 내준다.	당신의 경계선은 어디까지인가? 당신이 포기할 수 없는 것은 무엇인가? 상대방의 경계선은 어디까지인가? 상대방은 당신에게 얼마큼 주고 얼마큼 받으려고 하는가?
타협하기	서로 성격적 특성을 바꿀 수는 없지만 중간 지대를 찾을 수 있을 거라고 인식한다.	당신의 필요와 상대의 요구를 바탕으로, 어떻게 하면 양극단에서 조금만 움직여 일을 해결할 수 있을까?

나는 다양한 성격의 사람들과 타협할지, 그들에게 맞춰줄지를 결정한다. 다음은 에바에게 효과를 발휘했을 법한 방법들이다.

▶ 개방성
우리는 개방성 척도에서 양 끝에 있다.

〈맞춰주기〉

에바에게 새로 배워야 하는 프로젝트를 주는 대신 그녀의 이력서에 적힌 과거 업무경력을 확인한 후, 그녀가 완전히 새로운 걸 배울 필요 없이 이미 가지고 있는 기술을 바탕으로 진행할 수 있는 프로젝트를 맡겼어야 했다.

▶ 성실성
우리는 성실성에서도 정반대다.

〈타협하기〉

에바는 성실성이 낮은 사람이므로 각 프로젝트의 가장 주된 목표를 강조하고, 그녀에게 업무폭탄을 투하하는 대신 그녀가 스스로 일을 진행해볼 수 있는 자유를 주었어야 했다.

▶ 외향성
내성적인 에바는 혼자서 일하는 걸 선호한다. 사람들과 함께하는 회의는 그녀에게 큰 부담이었을 것이다. 나는 회의 전에 그녀에게 미리 업무를 전달했어야 했다.

〈맞춰주기〉

다른 인턴들과 함께 일하는 대신 혼자 프로젝트를 진행했다면 에바는 부담스러워하지 않았을 것이다. 또한 에바를 직접 교육하기 전에 먼저 우리 회사의 자료를 훑어보도록 권했어야 했다. 그녀는 그녀만의 속도로 질문을 준비하고 연구할 시간이 필요했을 것이다.

▶ 우호성

에바의 높은 우호성은 우리가 직접 만나서 하는 회의를 줄이고 이메일로 더 많이 소통했어야 하는 이유다. 에바는 상사와 동료들을 기쁘게 해주고 싶은 사람이었으니까.

〈맞춰주기〉

주간점검을 위해 함께 나란히 앉아 있는 대신 나는 에바에게 좀 더 공식적인 형식의 보고서를 주고, 그녀가 나에게 피드백을 줄 수 있도록 해야 했다. 에바는 자신의 욕구를 표현하고 나와의 경계선을 정하기 위해 자신만의 시간이 필요한 사람이었다.

▶ 신경증

신경증 정도가 높은 나는 에바에게 내 걱정거리를 모두 쏟아냄으로써 그녀를 질리게 했다. 에바는 내가 자신의 일을 사소한 부분까지 참견한다고 감정적으로 받아들였을 것이다.

〈타협하기〉

내가 걱정을 덜 하는 사람이 될 수는 없겠지만, 에바에게 내가 개인적인 감정에서 그녀의 일을 계속 확인하는 게 아니란 걸 알려 줬어야 했다. 에바는 내가 팀원들 모두에게 똑같이 행동한다는 걸 몰랐다. 또한 나는 정해진 시간에 그녀와 이야기를 나눔으로써 그녀의 불안감을 최소화하고 앞으로 무슨 일이 벌어질지 그녀가 미리 알 수 있도록 했어야 했다.

쉽게 말하자면, 나와 에바의 갈등은 아마 예방이 가능했을 것이다. 하지만 이제라도 이러한 갈등들을 미래엔 쉽게 극복할 수 있으리라는 걸 알게 되어 정말 다행이다.

성격별 인간관계 대처법

누군가의 성격을 안다는 건 당신의 설득력에 날개를 다는 셈이다. 고객에게 당신의 아이디어를 전달하기 위해서, 아니면 당신이 가고 싶은 식당에서 저녁을 먹자고 애인을 설득하기 위해서 상대의 성격에 맞춰 말하는 내용을 재단해야 한다. 이를 통해 설득의 성공도는 올라가고, 전체 과정은 더욱 즐거워질 수 있다.

개방성 활용하기

▶ **개방성이 높은 사람**은 흥미롭고 새로운 이점들을 좋아한다. 이 것에 대해 함께 브레인스토밍을 할 수 있는 시간을 가져보자.

- 애인에게: "이 퓨전레스토랑은 우리가 한 번도 안 먹어본 재료 로 요리한대!"

- 직장에서: "새로 배관 공사를 하게 되면 수압은 높아지고 수도 세는 절감되죠. 게다가 신형 샤워기가 포함되어 있대요!"

▶ **개방성이 낮은 사람**은 변하지 않을 것들을 중심으로 이야기 를 이끌어가야 한다. 그리고 그 사람이 낯선 것을 시도하는 불안 감을 극복할 수 있도록 새로운 아이디어와 관련해 논리적이고 근거에 기초한 사례들을 제시한다.

- 애인에게: "그 레스토랑에서도 우리가 가장 좋아하는 난하고 시금치 커리를 팔아. 근데 새로운 치킨티카커리도 판대. 진짜 맛있을 거 같아. 평점도 좋더라고."

- 직장에서: "이번 공사는 정말 쉬워요. 수도업체를 바꾸거나 계 량기를 교체할 필요도 없죠. 고객들 얘기로는 수압이 엄청 세 진 것 빼고는 아무런 변화가 없다고 해요."

○
성실성 활용하기

▶ **성실성이 높은 사람**은 길고 깊이 있는 제안서에 대해 꼼꼼히 듣기를 좋아한다. 쏟아지는 질문에 대비하자.

- 애인에게: "하와이를 가는 게 나을 것 같아. 일단 직항이 있어. 그리고 멀리 가지 않아도 온갖 활동을 다 할 수 있지. 내가 미리 준비를 좀 했어. 여기 내가 프린트한 여행일정표 한번 볼래? 그리고 이건 우리가 얼마나 저축해야 하는지를 써놓은 예산안이야."
- 직장에서: "각 진행 단계를 정리한 20쪽짜리 보고서를 준비했어요. 보고서를 함께 살펴본 후 질문할 시간을 드릴게요."

▶ **성실성이 낮은 사람**은 간략한 요약본이나 개요를 선호한다. 짧고 강력한 한방이 담긴 것이 좋고, 세세한 설명은 그들을 지루하게 만들 뿐이다.

- 애인에게: "하와이는 애들이 할 수 있는 활동들을 생각하면 가장 가성비가 좋은 여행지야. 아마 500만 원 정도 들어갈 것 같아."
- 직장에서: "이번 제안서에서 가장 중요한 3가지를 말씀 드릴게요. 그리고 그다음 단계가 무엇인지 얘기해보죠."

○

외향성 활용하기

▶ **외향적인 사람**은 대외적으로 인정받는 부분에 귀를 기울인다. 다른 팀원들은 어떻게 생각하는지와 같은 것들 말이다. 또한 이들은 즉흥적으로 브레인스토밍을 해도 크게 상관치 않을 것이다.
- 친구에게: "자, 얘들아! 새해맞이 파티에선 뭘 할까? 누구 얘기할 사람? 요즘 크리스탈볼룸에서 열리는 재즈밴드 공연을 많이 보러 간다고 하더라. 그건 어때?"
- 직장에서: "다음번 휴가에 대해 몇몇 아이디어를 게시판에 적어놓을게요. 아무거나 떠오르는 생각들을 얘기해주세요. 그다음에 투표로 정하죠."

▶ **내성적인 사람**은 질문이 쏟아지는 상황을 힘들어한다. 이들은 결정을 내리기 전에 혼자서 조용히 당신의 제안을 검토해보는 시간을 갖는 걸 선호한다.
- 친구에게: "저기, 새해맞이 파티에 대해 생각해봤어? 우리 서로 릴레이로 아이디어를 내볼까? 아니면 뭔가 좋은 생각이 떠오르면 알려줘."
- 직장에서: "이번 여름휴가에 대해 생각해봤으면 좋겠어요. 저한테 여러분 생각을 알려주세요. 그러면 제가 간단한 이메일 설문조사를 실시할게요."

○

우호성 활용하기

▶ **우호성이 높은 사람**은 면전에선 "네."라고 대답해도 뒤돌아서
선 "아니오."일 수도 있다. 이 사람들은 갈등을 피하고 싶고 모든
사람의 감정이 다치지 않게 하고 싶다. 그리고 진짜 속마음을 꺼
내놓기를 꺼린다.

- 애인에게: "진짜로 괜찮아? 말하기 민망하지만, 나에겐 당신이
  어떻게 느끼는지가 정말 중요해. 마음속 이야기를 다 털어놨으
  면 좋겠어."

- 직장에서: "저는 모든 사람의 생각을 듣기 위해 섹션마다 잠시
  휴식시간을 가질 거예요. 절 믿으세요. 전 절대 상처받지 않으
  니, 제발 모든 걱정되는 부분을 다 알려줬으면 좋겠어요. 지금
  단계에선 모든 걸 의제로 삼는 게 최선이에요."

▶ **우호성이 낮은 사람**은 증거를 손에 쥘 때까지 당신의 주장을
의심쩍게 생각할 것이다. 까다로운 질문에 대비할 것!

- 애인에게: "당신이 이야기를 시작하기 전에 먼저 내 얘기를 들
  어줘. 그리고 무슨 일이 있었는지 얘기해줄게. 이야기를 다 듣
  고 나면 이해할 수 있을 거야."

- 직장에서: "먼저 전체적으로 발표할 테니 그때까진 질문을 자
  제해주세요. 모든 이야기가 끝난 후 질의응답을 할 수 있게 충

분히 시간을 남겨놨어요."

○
신경증 활용하기

▶ **신경증이 높은 사람**은 자기의 모든 것을 걱정한다는 이야기를 듣는 걸 좋아한다. 즉, 이들의 정신적인 안정을 위해서는 당신이 생각하는 모든 걸 다 이야기해주고, 이들이 걱정할 필요 없도록 문제를 해결해주는 게 좋다. 이렇게 신뢰를 쌓는 것이다. 장단점을 모두 정리한 목록은 당신이 양쪽을 모두 검토했다는 증명이 될 것이다.

– 애인에게: "우리가 해야 할 일에 대해 걱정하고 있는 걸 잘 알아. 내 생각엔 우리가 같이 살려면 이사를 가야 해. 잠깐 앉아서 장단점을 얘기해보자. 그리고 백업 계획도 좀 생각해놔야 해."

– 직장에서: "우리 제안서와 관련해 필요한 안전장치에 대해 이야기해보죠. 일이 늦어지거나 제대로 진행되지 않을 때를 대비해 우리는 시간적 여유를 두는 한편 보조인력을 대기시켜 놓을 거예요."

▶ **신경증이 낮은 사람**은 만약의 상황을 염두에 두지 않으니 그러한 얘기를 꺼내는 것은 괜히 그 사람을 불안하게 만드는 셈이

다. 타당한 범위 내에서 이들은 당신의 말을 신뢰한다. 그러니 최선을 다한 후, 최선을 다했다고 이야기하면 그걸로 충분하다.

- 애인에게: "내가 오랫동안 열심히 생각해봤는데, 우린 확실히 이사를 가야해. 당신이 찬성하면 내가 부동산에 얘기할게. 그리고 계속 상황을 알려줄게."
- 직장에서: "물론 예상치 못했던 일들이 일어날 수 있어요. 우리 직원들은 불편한 상황들에 대처하도록 잘 훈련받았거든요. 그러니 저를 믿으셔도 돼요."

성격이 다르다면 접근법도 달라야 한다. 사람들의 숨겨진 마음을 읽을 수 있다면 어려움이 닥치기 전에 피할 수 있다. 스피드 리딩을 배우는 건 하루아침에 되지 않지만, 사람들의 매트릭스를 풀어내는 건 즐거운 과정이다. 이제는 당신이 다른 사람의 마음속 깊이 파고들어 그 사람과 당신이 모두 성공할 수 있도록 도울 차례다.

도전과제

1 ___ 지인들과 함께 모여 각자의 매트릭스를 그려보자.
2 ___ 파트너, 친한 친구, 그리고 부모님에게 성격유형검사를 받아보도록 부탁하자. 지인들이 당신에 대해 점수를 매기게 함으로써 스스로 정확히 자아인식을 하고 있는지 알아본다.

복습

매트릭스는 인간관계에서 가장 강력한 무기다. 나와 타인의 성격을 해석해 성격적 차이에 대해 맞출 것인지 타협할 것인지 정하자.

• 나의 성격적 특성을 다른 사람에게 강요하지 않는다.
• 5요인 성격적 특성을 스피드 리딩하는 법을 배우자.

내가 이번 장에서 얻은 가장 큰 교훈은: _____

_____

_____

_____

_____

_____

_____

_____

_____

_____

욕구를 존중하라

사람들로부터 최선을 끌어내는 법

페이지 헨드릭스 버크너^{Paige Hendrix Buckner}는 나를 만날 때마다 선물을 준다. 그녀는 만나는 사람에게 딱 맞는 완벽한 선물을 찾아내는 특별한 재주를 가졌다. 그녀는 선물을 고르는 자신의 재주를 특화하기로 했다. 고객이나 직원들, 동업자들에게 보낼 선물을 좀 더 고급스럽게 만들고 싶은 사업가들이 있었던 것이다.

페이지만이 할 수 있는 독보적인 작품이 탄생했다. 오래도록 기억에 남을 주제를 가지고 최고의 물건들을 찾아내 직접 만든 독특한 상자에 넣어 포장한 것이다. 그녀는 회사 이름을 '클라이언트조이^{ClientJoy, 고객기쁨이라는 뜻}'라고 지었다.

운이 좋게도 페이지는 대박을 터뜨렸다. 클라이언트조이 박스가 몇몇 영향력 있는 사업가들의 눈에 들면서 성공가도를 달리게 된 것이다. 입소문이 퍼지기 시작했다. 이제 클라이언트조이 박스는 프로 미식축구팀, 트위터, 〈타임〉지 등 미국 전역의 기업들로 배달된다.

페이지의 성공을 이끈 건 무엇이었을까? 클라이언트조이는 억지로 하는 선물이라는 느낌을 주지 않게 선물을 구성한다. "선물을 준다는 건 상대방의 가치를 존중한다는 의미예요. 선물은 누군가에게 이러한 메시지를 전할 수 있는 가장 쉬운 방법이죠. 저는 우리가 가진 가장 강력한 도구 가운데 하나는 상대방의 가치를 인정하는 것이라고 생각해요." 페이지가 말했다.

클라이언트조이는 마음속 가장 깊은 곳에 숨겨진 욕구를 건드린다. 바로 누군가로부터 진심으로 '가치를 인정받고 싶은 욕망' 말이다.

그 커플이 툭 하면 싸우는 이유

게리 채프먼Gary Chapman 박사는 50년이 넘는 세월 동안 가족 치유사로서 다양한 커플들을 도왔다. 특히 커플들이 서로에게 감정을 드러내는 방식에 패턴이 있음을 주목했다. 그리고 사랑을 표현하는 여러 가지 방식에 '5가지 사랑의 언어'라는 이름을 붙였다. 처음 들어본다고? 다음은 이에 대한 간단한 요약이다.[1]

- **인정하는 말**: 이 사랑의 언어를 사용하는 사람들은 러브레터, 문자, 그리고 직접적인 말이나 글로 자신의 관심을 표현한다.
- **선물**: 이 사랑의 언어를 사용하는 사람들은 보석, 사탕, 꽃과 같이 고마움을 담은 작은 선물이나 상품권으로 자신의 관심을 표현한다.
- **스킨십**: 이 사랑의 언어를 사용하는 사람들은 껴안기, 어깨동무하기, 부드러운 포옹과 같은 스킨십으로 자신의 관심을 표현한다.
- **봉사**: 이 사랑의 언어를 사용하는 사람들은 다른 사람을 위한 일을 하면서 자신의 관심을 표현한다. 파트너의 저녁을 준비하고, 심부름을 하고, 그들을 위해 무엇인가를 만든다.
- **함께하는 시간**: 이 사랑의 언어를 사용하는 사람들은 시간으로써 자신의 관심을 표현한다. 이들은 그저 자기가 돌보고 싶은 사람 곁에 머문다.

채프먼 박사는 인간관계에서 발생하는 대부분의 어려움은 우리가 서로 다른 언어를 사용하기 때문이라고 한다. 예를 들어, 아내가 사용하는 사랑의 언어가 '인정하는 말'일 때, 아내는 남편에게서 보고 싶었다는 말을 들을 때 마음이 환해진다.

하지만 남편이 사용하는 사랑의 언어는 '스킨십'이라 퇴근 후 집에 와서 이야기하고 싶은 게 아니라 소파에서 아내와 꼭 껴안고 뒹굴뒹굴하고 싶어 한다. 아내가 남편을 밀치면 남편은 상처받는다. 그리고 남편이 아내에게 오늘 하루는 어땠냐고 묻지 않으면 아내는 마음이 아프다. 이는 시간이 흐르면서 이 커플을 갉아먹게 된다.

채프먼 박사는 인간관계에서 사랑의 언어를 적용하기 위해 동료 심리학자인 폴 화이트[Paul White]와 함께 작업했다. 이들은 '5가지 인정의 언어'를 만들어냈다.

전략 8

인정의 매트릭스를 파악하라

인정받지 못한다는 건 직장에서 치명적인 문제가 된다. 그러면서도 이 문제는 쉽게 간과된다. 인적자원관리협회는 직업적인 만족이 '인정과 관심'에서 나온다고 본다.[2] 그러나 갤럽 조사에서 직장인의 70%가 직장에서 아무런 칭찬도 듣지 못하거나 가치를 인정받고 있지 못한다고 생각하는 것으로 나타났다.[3]

앞서 사람들의 5가지 성격적 특성을 파악했다. 여기서는 상대가 인정의 언어를 어떻게 사용하고 있으며, 나의 언어를 어떻게 받아들이는지 알아보려고 한다.

○

1단계: 내가 사용하는 인정의 언어는?

채프먼 박사는 사람들이 주로 사용하는 인정의 언어와 보조적으로 사용하는 인정의 언어가 있다는 걸 발견했다. 그의 연구를 바탕으로 당신이 쓰는 인정의 언어를 알아보자.⁴ 다음 짝지어진 문장에서 당신의 인간관계에 가장 잘 맞는 답에 체크해보자.

Check Box

1. 나는 용기를 북돋아주는 쪽지를 받는 걸 좋아한다. (   )
2. 나는 누가 안아주는 게 좋다. (   )
3. 나는 가까운 친구와 일대일로 시간을 보내는 걸 좋아한다. (   )
4. 나는 친구가 나를 도와줄 때 보살핌을 받는다는 느낌을 받는다. (   )
5. 나는 사람들한테 선물 받는 걸 좋아한다. (   )
6. 칭찬은 나에게 중요하다. (   )
7. 나는 누군가 나에게 팔을 두를 때 인정받는다는 느낌을 받는다. (   )
8. 나는 누군가와 함께 활동할 때 가깝다는 느낌을 받는다. (   )
9. 나는 동료가 업무나 프로젝트를 도와주겠다고 제안할 때 인정받는다는 느낌을 받는다. (   )
10. 나는 누군가 선물을 주며 내 특별한 날을 기억해줄 때 고맙다. (   )

정답
인정하는 말 1과 6 | **스킨십** 2와 7 | **함께하는 시간** 3과 8 | **봉사** 4와 9 | **선물** 5와 10

내가 쓰는 인정의 주요언어와 보조언어가 파악될 것이다. 이 답을 나의 성격 매트릭스에 써보자. 주요언어를 원 위쪽에 쓰고, 보조언어를 아래에 쓴다. 나의 주요언어는 봉사이고, 보조언어는 인정하는 말이다.

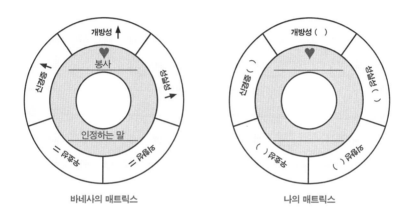

바네사의 매트릭스   나의 매트릭스

내가 쓰는 인정의 언어가 무엇인지 알면, 무엇을 부탁할지 알게 된다. 나의 언어가 '인정하는 말'일 때 나는 상사에게 말로 피드백을 달라고 요청한 후, 몇 주 후에 이를 보완하는 회의를 계획할 수 있을 것이다. 나의 언어가 '함께하는 시간'일 때 당신은 장거리 연애나 재택근무가 좋은 선택이 아니란 걸 알게 될 것이다.

또한, 인간관계에서 무엇을 놓쳤는지 알게 된다. 인정의 언어를 가르칠 때마다 내 학생들은 대부분 "아!" 하고 소리 지른다. 이들은 지금껏 누군가와 다툰 이유가 인정의 언어가 달랐기 때문이라는 걸 깨달은 것이다. 예를 들어, 레일라는 주요한 인정의 언어가 '봉사'다. 그래서 끊임없이 친구를 위해 요리강습이나 브런치 같은 자리들을 마련했다. 레일라는 자기만 늘 분주하다고 느꼈고, 이 친구와의 우정에 염증을 느끼고 있었다.

하지만 이 강의를 들은 후 레일라는 자기 친구의 언어가 바로 '인정하는 말'이란 걸 알았다. 친구는 언제나 장문의 문자를 보내 마음을 표현했고, 레일라와 보내는 시간을 얼마나 사랑하는지 쏟아 냈다. 이러한 인정의 표현이 레일라에게는 그다지 효과가 없을지라도 그녀는 이제 안다. 친구에게 무엇을 부탁해야 하고, 친구가 어떤 사람인지를 말이다.

인정의 언어를 성격적 특성과 연관 지을 때 2배로 강력한 통찰력을 갖추게 된다. 예를 들어, 당신이 '개방성이 낮은 사람'이면서 인정의 언어가 '함께하는 시간'일 때, 동료에게 1달에 2번 정도 단골 카페에서 커피를 마시자고 제안하면 좋을 것이다. 반면에 당신이 '개방성이 높은 사람'이면서 인정의 언어가 '함께하는 시간'이라면 동료와 매달 새로운 카페에 가볼 수 있을 것이다. 인정의 언어를 알면 무엇이 나를 행복하게 만드는지, 내가 무엇을 요구해야 하는지, 그리고 그들과 어떻게 매끄러운 관계를 만들 수 있는지 알게 된다.

○

2단계: 상대가 사용하는 인정의 언어는?

더 재미있는 부분으로 들어가보자! 나는 다른 사람들이 쓰는 인정의 언어가 뭔지 추측하는 걸 좋아한다. 168쪽의 테스트를 해보게 하는 것이 어렵다면 그의 행동을 눈여겨보자. 누군가가 어떤 대접을 받고 싶은지 알 수 있는 가장 쉬운 방법은 그 사람이 자기가 좋아하는 사람에게 어떻게 대하는지를 보는 것이다.

- 당신의 사무실에 들러서 같이 어울리는 걸 좋아하는가?(함께하는 시간)
- 집 여기저기에 작은 메모를 남겨놓는가?(인정하는 말)
- 대화를 나눌 때 당신의 팔을 쓰다듬거나 악수 대신 포옹을 하는가?(스킨십)
- 당신의 생일에 기성제품을 주문하는 대신 당신이 가장 좋아하는 디저트를 직접 만들어주는 걸 자처하는가?(봉사)
- 여행을 다녀올 때 당신을 위해 작은 기념품을 사오는가?(선물)

또는 오래된 추억, 가장 좋아하는 이야기, 최근에 있었던 일들에 대해 물어보자. 다음은 내가 즐겨 던지는 질문들이다.

- "누군가 당신을 위해 한 일 가운데 가장 멋진 일은 무엇이었나요?"
- "축하할 일이 생기면 어떻게 축하하나요?"
- "방금 아기를 낳은 동료에게 뭔가 멋진 일을 해주고 싶어요. 무엇을 하면 좋을까요?"
- "주말에 뭐 하는 걸 가장 좋아하세요?"

- "어렸을 때 부모님께서 생일이나 축하할 일이 있을 때 무엇을 해주셨나요?"

이러한 질문들은 놀라울 정도로 많은 정보를 끌어낼 수 있다. 선물을 중요시하지 않는 사람에게 지금껏 해본 선물 가운데 최고로 꼽을 만한 게 있냐고 물어보면, 그 사람은 아마도 누군가를 위해 했던 '일'이나 썼던 '편지'에 대해 이야기할 것이다. 마지막으로, 미세표정은 인정의 언어를 파악하는 데 큰 도움이 된다.

- 잘못된 방법으로 쓰인 인정의 언어는 사람을 지치고 '분노'하게 만든다. 예를 들어, 선물을 좋아하는 한 직원은 회사에서 자기를 위해 열어준 요란한 파티에 실망했다. 왜냐고? 파티 때문에 동료들에게 부담을 주는 게 딱 질색이었기 때문이다. 그는 아마 기프트카드를 받으면 훨씬 행복했을 것이다.
- 당신이 누군가를 진심으로 기쁘게 만들었을 때 진정한 '행복'의 미세표정이 이를 증명한다. 당신의 아이디어와 선물, 칭찬이 마음에 드는지 표정으로 알 수 있다.
- '경멸'의 미세표정은 누군가 당신이 쓰는 인정의 방식이 맞지 않는다고 느낀다는 증거다. 예를 들어 스킨십을 좋아하지 않는 사람은 당신이 껴안으려 할 때 어색한 웃음을 지을 것이다.
- '혐오'의 미세표정은 좋아하지 않는다는 걸 예의 바르게 표현하는 법을 생각해내려 할 때 보인다. 누군가에게 좋아하지 않

는 선물을 주거나 그다지 내키지 않는 시간을 함께 보내자고 말할 때, 상대방은 대답하기 전 혐오의 표정을 살짝 내비칠 수 있다.

미세표정을 잡아내는 건 그저 시작에 불과하다. 이에 어떻게 반응할 것인지가 더 중요하다. 상대방과 장단을 맞추기 위해선 어떻게 인정의 언어를 사용해야 할까? 3단계로 넘어가보자.

○

3단계: 우리가 원만하게 지내려면

존 가트맨John Gottman 박사와 로버트 레벤슨Robert Levenson 박사는 행복한 커플들의 패턴을 찾으려고 노력했다.[5] 인터뷰에서 "나, 나를, 내 것"이라는 말을 많이 쓰는 커플들은 "우리, 우리를, 우리 것"이라는 말을 많이 쓰는 커플보다 관계에서 행복도와 만족도가 낮았다.[6]

가트맨 박사는 이 패턴을 '우리라는 것' 대 '나라는 것' 간의 심리적 차이라고 보았다. 그가 말했다. "'우리라는 것'에 대한 인식이 강한 커플은 서로 커뮤니케이션을 잘하는 능력을 강조해요. 그리고 인생에서 동일한 믿음, 가치, 목표를 공유하는 것만큼 조화와 일체감을 중시합니다."[7]

이는 모든 인간관계에 적용된다. 아끼는 사람의 인정의 언어가 무엇인지 알 수 있다면 '우리라는 것'의 심리적 태도를 갖추게 된다. 나의 욕구가 어떻게 채워지고, 상대의 욕구를 어떻게 채울 수 있는지에 대해 생각하기 시작하는 것이다. 다음은 서로 다른 인정의 언어를 존중해줄 수 있는 몇 가지 방법들이다.

▶ 인정하는 말

가족, 친구, 애인에게:

- 응원 문자를 보낸다.
- 사랑이 담긴 메모를 남겨놓는다.
- 자기 전에 오늘 있었던 일에 대해 대화한다.
- 식사 중에는 방해받지 않도록 전화기를 꺼놓는다.

직장에서:

- 업무진행상황을 체크하는 이메일을 쓴다.
- 긍정적인 피드백 보고서를 준다.
- 매일 또는 매주 업무보고회의를 가진다.
- 추천서를 써주겠다고 제안한다.
- 공개적으로 칭찬한다.

▶ 선물

가족, 친구, 애인에게:

- 생일선물, 기념일 선물, 꽃
- 여행 기념품
- "보고 싶어."라고 쓴 쪽지

직장에서:

- 생일선물

- 명절선물

- 책상 위에 놓을 작은 장식품

- 감사선물

▶ 봉사

가족, 친구, 애인에게:

- 집안일을 나눠 한다.

- 청소나 심부름 등 하기 싫은 일을 대신한다.

- 요리를 하거나 뭔가를 만든다.

직장에서:

- 업무를 끝낼 수 있도록 돕는다.

- 모임을 계획한다.

- 프로젝트를 만들거나 합류한다.

▶ 스킨십

가족, 친구, 애인에게:

- 손을 잡는다.

- 어깨를 토닥토닥하며 안아준다.

- (애인에게)성적인 행위를 한다.

- 마사지를 해준다.

직장에서:

- 악수

- 하이파이브

▶ **함께하는 시간**

가족, 친구, 애인에게:

- 전화기를 꺼놓는다.

- 매주 데이트를 한다.

- 여행한다.

- 함께 차를 타고 나간다.

직장에서:

- 점심을 먹거나 차를 마신다.

- 야근할 때 같이 있어준다.

- 주 단위로 업무보고를 한다.

직장에서 스킨십을 할 때는 조심스러워야 한다. 손이 상대방의 팔 위쪽으로 올라갈수록 친밀한 스킨십이다. 적절한 스킨십을 하고 있는지 확실치 않다면, 스킨십 구역을 옮겨갈 때 나오는 미세표정에 주의를 기울인다.

예를 들어, 악수하면서 상대방이 진짜미소를 짓는지 살피자. 다음번에 만났을 때 악수하면서 어깨를 한번 친다. 아직도 미소를 짓는가? 아니면 경멸이나 분노의 표정이 스치는가? 마지막으로, 껴안

앉을 때 당신의 기분이 불편하다거나 상대방이 부정적인 얼굴표정을 짓는 건 아닌지 확인해보자.

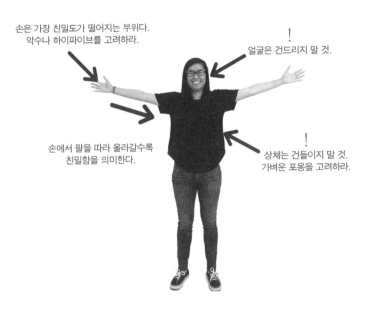

손은 가장 친밀도가 떨어지는 부위다.
악수나 하이파이브를 고려하라.

얼굴은 건드리지 말 것.

손에서 팔을 따라 올라갈수록
친밀함을 의미한다.

상체는 건들이지 말 것.
가벼운 포옹을 고려하라.

"내 마음을 좀 더
표현할 방법이 없을까?"

클라이언트조이의 창업자 페이지는 어렸을 때 자기를 감동하게 만든 선물들을 늘 머릿속에 떠올린다. 그녀의 아빠는 출장을 마치고 집으로 돌아오면서 페이지를 위해 독특한 선물들, 이를 테면 취소된 디즈니 쇼에서 가져온 엄청나게 큰 사이즈의 티셔츠 같은 것들을 가져왔다. "그 선물이 무엇인지는 중요치 않았어요. 뭔가를 받는다는 게 신이 났었거든요."

어른이 된 페이지는 선물에 담긴 깊은 의미에 대해 생각한다. "저는 선물을 받는 사람들이 느끼길 바라요. 이유가 무엇이든, 누군가 어디에선가 자기를 진심으로 생각하고 있다는 것을요. 선물은 마음을 전하는 거예요. 그리고 이를 통해 우리는 진짜 인연을 만들어갈 수 있어요."

───────────────────────────────── 도전과제

1 ── 특별히 아끼는 사람 3명을 위해 3가지 인정의 언어를 사용하자.
2 ── 나의 인정의 언어를 바탕으로 내가 필요한 것을 지인에게 부탁하자.

───────────────────────────────── 복습

인생과 직업에서 만족하려면 인정받고 인정하는 데 있다. '5가지 인정의 언어' 전략을 통해 우리는 인연을 더욱 견고히 만들 수 있다. 내게 필요한 게 무엇인지 알고, 주변 사람들이 필요한 게 무엇인지를 알아보자. 그리고 그들을 신경 쓰고 있다는 것을 보여줄 방법을 찾아보자.

• 나의 인정의 주요언어와 보조언어를 알아내자.
• 내가 만나는 사람들이 쓰는 인정의 언어를 파악하기 위해 매트릭스를 채워보자.
• 삶에서 중요한 사람들이 쓰는 인정의 언어를 존중하고 사용하자.

내가 이번 장에서 얻은 가장 큰 교훈은: _____

_____

_____

_____

_____

_____

_____

_____

가치를 충족시켜라

마음을 훔치는 기술

보이드 바르티^{Boyd Varty}는 남아프리카의 유명한 사파리캠프인 론돌로지^{Londolozi}를 소유하고 있다. 론돌로지는 세계 100대 호텔에 매년 이름을 올리고 있으며, 손님들은 기대에 가득 차 이곳을 찾는다(디지털보너스 수록). 어떤 손님은 거친 아프리카 초원 한가운데 우뚝 선 호사스러운 건물을 기대한다. 어떤 손님은 야생동물들의 낙원을 목도할거라 기대하며 찾아온다.

바르티는 내게 자신이 겪었던 가장 특별한 손님에 대해 이야기를 들려줬다.[1] 나이 지긋한 영국의 노신사 마틴은 전 세계 이색적인 장소에서 여러 차례 사파리를 즐겨왔다. 마틴의 엄청난 기대에 부응하고 싶었던 바르티는 모든 게 계획대로 진행되는지 확인하려고 그의 사파리 여행에 동행하기로 했다.

지프차를 타고 탐험을 떠난 지 이틀째 되던 날, 바르티는 표범의 흔적을 발견했다. 바르티는 안전을 확인하고 올 테니, 마틴에게 자신이 돌아올 때까지 차 안에 있으라고 일렀다. 얼마 지나지 않아 코끼리가 숲에서 불쑥 튀어나와 차량을 샅샅이 훑기 시작했다. 마틴은 최대한 가만히 숨죽이고 있었는데, 갑자기 자동차의 무전기에서 잡음이 흘러나오기 시작했다. 이 소리에 움찔한 코끼리는 그만 성이 나버렸다. 자동차 후드를 내리치고 여기저기 흙을 흩뿌려댔다.

마침내 코끼리는 차에서 떠나갔다. 하지만 바르티가 돌아왔을 때 마틴은 얼굴이 하얗게 질린 상태였다. 그리고 집채만 한 코끼리가 코앞에서 자기를 위협하는데 혼자 남겨져 있었다고 머리끝까지 화가 나 있었다. 마틴은 뒷자리에서 고함쳤다. "나를 당장 캠프로 데려다주시오!"

그 후 이틀 간 마틴은 바르티와 대화하기를 거부했다. 바르티는 좋은 생각을 떠올렸다. 마틴은 스스로 모험가라 여기고 있었다. 바르티가 자기 경험을 대담한 도전이라고 생각하게 된다면? 바르티는 캠프에 머물고 있는 여성들에게 도움을 요청했다. 마틴에게 다가가 그가 거대한 코끼리에 홀로 맞서 싸움을 벌일 정도로 용감했다고 칭송해달라고 부탁한 것이다.

"곧 마틴은 자기가 호텔에서 가장 핫한 남자라고 느끼게 됐어요. 어느새 마틴은 바에 들어오는 사람 모두에게 자기 이야기를 늘어놓고 있었죠. 론돌로지를 떠날 때쯤 그는 거의 아프리카의 왕이었어요." 바르티가 말했다. 마틴은 집으로 돌아가는 날 바르티에게 코끼리와의 조우는 오래도록 기억에 남을 가장 좋은 추억이 될 거라고 말했다.[2]

바르티는 마틴의 이상을 공략하는 천재적인 수완을 발휘했다. 나는 마틴이 발견한 바로 그 점을 누군가의 '기본가치'라고 부르려고 한다.

우리의 관계는 평등한가?

사회심리학자 유리엘 G. 포아[Uriel G. Foa]는 인간관계의 자원에 관한 이론을 수립했다.[3] 포아는 모든 상호작용이 실질적으로 거래행위라고 보았다. 즉, 사람들은 서로 자원을 주고받기 위해 협력한다는 것이다.[4] 돈과 음식 같은 물질적인 것 뿐 아니라 사랑과 조언, 지위 같은 정서적인 것들도 자원에 포함된다. 인간으로서 생존하고 번성하기 위해 우리는 이 자원 모두를 필요로 한다.[5]

다음 표에서 '주기' 칸에는 내가 빈번히 준다고 생각하는 자원들을 체크하자. '받기' 칸에는 내가 자주 받는다고 생각하는 자원들을 체크하자. 우리는 보통 더 필요한 걸 받고 넘쳐나는 걸 주게 된다. 표에서 진정한 나의 모습이 드러나는가?

자원	의미	주기	받기
사랑	감정, 수용, 호감	☐	☐
봉사	지지, 배려, 편안함을 주는 따스함	☐	☐
지위	책임감, 칭찬, 긍지를 주는 직책	☐	☐
돈	돈, 통화, 가치를 지니는 상품권	☐	☐
물자	유형의 제품, 사물, 재료	☐	☐
정보	조언, 아이디어, 의견, 가르침	☐	☐

사랑이나 서비스, 정보와 같은 형이상학적인 자원의 경우 우리는 우리가 가장 원하는 걸 주곤 한다. 사랑을 갈구하는 사람은 주변 사람에게 사랑을 나눠준다. 그 사람들이 사랑받을 자격이 없을지라도 말이다. 아니면 뭔가를 알고 싶어서 사람들에게 가십거리를 쏟아내기도 한다. 사람들이 더 많은 뒷이야기를 들려주길 바라면서 말이다.

자원의 교환은 모든 인간관계의 핵심역학이 된다. 여기서 발생하는 오해는 불필요한 긴장감을 조성하고, 심지어 관계의 파탄을 가져오기도 한다. 그 이유는 다음과 같다.

- 권력: 포아는 권력이란 다른 사람에게 줄 수 있는 자원의 양으로 가늠된다고 주장한다. 돈을 많이 가지고 있는 것은 권력의 한 요소다. 하지만 다른 사람에게 줄 사랑이 넘쳐나는 것도 권력의 한 요소가 된다.

- 욕구: 사람들의 욕구를 충족시키기 위해 이 이론을 활용할 수 있다. 예를 들어, 동료에게 동기를 부여하고 싶을 때 이 동료가 가치를 부여하는 것이 정보인지(학습, 새로운 업무기술, 혹은 내부정보), 아니면 지위인지(주목을 받거나 높은 직책을 얻거나 사람들로부터 존경받는 것), 혹은 돈 때문에 직장을 다니는 것인지(더 높은 연봉, 보너스, 금전적인 보상) 가장 먼저 고려해봐야 한다.
- 균형: 불공평한 자원의 교환이 지속적으로 이뤄질 때 관계는 더욱 어려워진다. 불안감, 죄책감, 그리고 분노가 뭉게뭉게 피어나니까. 연인 사이에서 한 사람이 더 많은 사랑을 쏟다가 서운함을 느끼기 시작하면 그 관계는 깨져버린다는 것을 우리는 잘 안다. 그러면서도 항상 받기만 하는 사람은 질려버리기도 한다.

사적이든 공적이든 관계의 평형을 찾는 것이 중요하다. 하지만 다른 사람들이 원하는 자원이 항상 내가 생각하는 바와 일치하는 것은 아니다. 누군가를 움직이는 가치가 무엇인지 알 수 있을 때 상호작용은 훨씬 더 쉬워진다. 나는 이를 기본가치라고 부르며, 이 기본가치가 매트릭스를 구성하는 가장 마지막 층이다. 이제 마지막 단계를 어떻게 해결할 것인지 알아보자.

전략 9

기본가치를 찾아라

누구나 어느 정도 수준에서는 모든 자원을 다 가지길 원하지만, 그 중에서도 가장 기본이 되는 선택이 있기 마련이다. 인생에서 어떤 걸 더 많이 모으고 싶은가? 부자가 되고 싶은가? 무적이 되고 싶은가? 가장 중요한 질문은 바로 이것이다. 나의 삶을 이끄는 것은 무엇인가?

1단계: 나의 기본가치는 무엇인가?

댄 P. 맥애덤스^{Dan P. McAdams} 교수는 자기서사^{Self-Narratives}에 대해 연구한다. 자기서사란 우리가 스스로에게 들려주는, 스스로에 관한 이야기를 의미한다. 그는 자기가 가치를 두는 대상이 무엇인지를 알때 삶과 일에 목적을 부여하게 된다고 한다.[6]

물론 가치를 가려내고 확인하는 일은 어려운 과정이다. 몇 년을 보내야 하는 긴 여정이 될 수도 있다. 다음 연습문제는 나를 이끄는 가치에 대해 생각해보도록 도와줄 것이다. 각 문장에 점수를 매겨서 오른쪽 칸에 총합을 적어보자.

Check Box

의미		총합
사랑	인정받는다는 느낌이 중요하다. ( )	
	다른 사람들이 나를 좋아하는 게 중요하다. ( )	
	어딘가에 속해 있다는 느낌이 중요하다. ( )	
봉사	내 지인들이 나를 지지한다고 느끼는 게 중요하다. ( )	
	누군가 나에게 호의를 베풀 때 내가 특별하게 느껴진다. ( )	
	누군가 나에게 신경 쓴다고 느끼는 게 중요하다. ( )	
지위	누군가 나를 칭찬할 때 기분이 정말 좋다. ( )	
	나는 일을 맡아 하는 걸 좋아한다. ( )	
	다른 사람으로부터 존경받는다고 느끼는 게 중요하다. ( )	
돈	재정적으로 안정적인 게 중요하다. ( )	
	나는 돈 때문에 일한다. ( )	
	완벽한 행복을 위해서는 돈이 있어야 한다. ( )	
물자	나는 물건 모으는 걸 좋아한다. ( )	
	나는 종종 선물을 사준다. ( )	
	집에는 의미가 담긴 물건들이 여럿 있다. ( )	
정보	나는 모든 상황을 알기를 원한다. ( )	
	나는 조언하는 걸 좋아한다. ( )	
	나는 가르치고 배우는 걸 좋아한다. ( )	

0점: 나와는 전혀 상관이 없다.
1점: 어느 정도 나를 보여준다.
2점: 나를 잘 드러내는 문장이다.

어떤 자원이 가장 높은 점수를 받았는가? 그 자원이 아마도 당신의 기본가치(또는 부차적 가치)가 될 것이다. 위 질문에 대한 답을 성격적 특성과 인정의 언어로 채워진 당신의 매트릭스 한가운데 써보자.

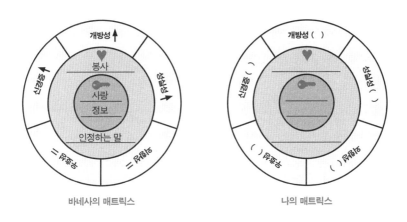

바네사의 매트릭스   나의 매트릭스

이제 당신의 매트릭스가 모두 완성됐다. 늘 두려움에 빠져 있는 이유를 알고 싶다고? 당신이 추구하는 기본가치가 충족되지 않았으니까! 그 사람과의 관계가 잘 풀리지 않는 이유를 알고 싶다고? 서로의 가치가 어긋났으니까! 왜 그런 잘못된 선택을 했는지 알고 싶다고? 당신의 기본가치가 당신을 다른 방향으로 몰고 간 탓이다! 우리의 기본가치는 우리라는 존재, 우리가 내리는 선택, 그리고 우리를 이끄는 동기의 핵심에 존재한다.

2단계: 상대의 기본가치는 무엇인가?

사람들은 대부분 자신이 내린 선택은 타당하다고 생각한다. 누군가의 선택이 이해되지 않는다면, 그건 내가 지닌 기본가치가 나를 다른 길로 인도했기 때문이다. 주변 사람들이 추구하는 기본가치와의 차이를 이해할 때 다음을 이해할 수 있게 된다.

　- 왜 어떤 사람들은 나를 미치게 만드는가?
　- 인간관계에서 발생하는 대부분의 오해들
　- 내게 중요한 사람들이 하는 예측 불가능한 행동들

　필살의 대인관계 기술을 갖고 싶다면, 나의 눈이 아니라 상대의 눈으로 세상을 바라볼 수 있어야 한다. 상대의 마음을 사로잡고 싶다면, 내가 아닌 그 사람이 가치 있다고 생각하는 것에 초점을 맞춰야 한다. 나는 타인이 쓰는 가치의 언어를 발견하는 건 매트릭스를 구성하는 여러 층 가운데 가장 돌파하기 어려운 부분이라고 생각한다. 이를 위해 나는 3가지 전략을 쓴다.

- **불평과 허세**: 누군가 불평하는 이유가, 직장에서 연봉이 만족스럽지 않아서인가?(돈) 성과를 인정받지 못해서인가?(지위) 차가 마음에 들지 않아서?(물자) 아니면, 누군가 자신이 아

픈 부모님을 어떻게 돌봤는지 자랑하는가?(봉사) 새로 온 상사가 자기를 얼마나 총애하는지에 대해서 자랑하는가?(사랑) 새로 온 회사 파트너에 대해 얼마나 많이 알고 있는지에 대해서 말하는가?(정보) 우리는 보통 기본가치를 충족했을 때 자랑스러워하고, 충분히 갖지 못했을 때 화를 낸다. 그렇게 사람들은 자랑하거나 투덜거리거나 허세를 부린다.

- 비언어적 단서: 몸짓은 당신이 누군가의 기본가치에 접근했는지, 아닌지 알 수 있게 도와준다. 사람들은 기본가치가 충족됐을 때 신이 난다. 상대방이 행복의 미세표정을 짓는지, 그리고 승리의 몸짓을 보이는지 살펴보자. 누군가의 기본가치가 충족되지 못했을 때 그 사람은 혐오, 분노, 경멸의 미세표정이나 패배의 몸짓을 보일 것이다.

- 행동적 단서: 상대의 행동을 눈여겨보기 시작하면 그가 채우길 원하는 욕구가 무엇인지 많은 걸 알게 된다. 다음은 직장에서 흔히 볼 수 있는 광경들이다.
  - A는 언제나 상사에게 잘 보이기 위해 늦게 퇴근한다. 그는 끊임없이 칭찬받길 원하고 더 많은 책임을 질 수 있길 바란다. 기본가치는 아마 '지위'일 것이다.
  - B는 매일 정시 퇴근을 하지만 연봉협상을 앞두고선 제시간에 프로젝트를 마친다. 그는 연말 보너스에 대해 가장 먼저

궁금해한다. 기본가치는 아마 '돈'일 것이다.

- C는 사무실의 분위기메이커다. 회사동료들과 친구가 되고 모든 사람의 책상에 응원의 메시지를 남겨놓곤 한다. 그의 기본가치는 '사랑'일 것이다.

- D는 언제나 사람들의 생일을 기억하고, 사무실 파티를 계획하는 걸 좋아하며, 사내 소프트볼 팀을 꾸린다. 그의 기본가치는 아마 '봉사'일 것이다.

- E는 전망 좋은 사무실과 최고의 주차 자리를 간절히 원한다. 그는 회사에서 제공하는 모든 복지혜택을 사랑한다. 그리고 휴가에서 돌아올 때 항상 모든 이의 기념품을 챙겨온다. 기본가치는 아마 '물자'일 것이다.

- F는 약간 호사가 기질이 있다. 회사 내 모든 뒷이야기를 알기를 원한다. 또한 임원들과 함께 골프 치는 걸 좋아한다. 그의 기본가치는 아마 '정보'일 것이다.

- 격정: 그가 밤을 샌 이유는? 그는 무엇 때문에 스트레스를 받을까? 이는 그 사람의 기본가치를 짐작해볼 수 있는 단서가 된다. 자기가 정보가 모이는 핵심인물이 아니라는 점에 대해 끊임없이 징징대는 친구가 있는가? 그 사람의 기본가치는 '정보'일 가능성이 크다. 사람들의 직위에 지나치게 집착하며, 다음번 승진 대상은 누구일지 항상 궁금해하는 동료가 있는가? 그 사람의 기본가치는 아마 '지위'일 것이다.

누군가의 걱정에 귀 기울이자. 사람들에게 무엇이 걱정인지, 또는 살면서 가장 큰 걱정이 무엇인지 물어보자. 처음엔 쉽지 않겠지만 누군가의 과거 행동을 분석하는 것 역시 그 사람의 기본가치가 무엇인지 올바르게 파악하는 데에 도움이 된다.

주의할 점은 기본가치란 솔직하게 털어놓기 힘든 주제다. 돈에 의해 움직이는 사람들은 대부분 이를 드러내길 부끄러워한다. 돈이란 합법적이고도 필수적인 자원임에도 불구하고 말이다. 또한 어떤 사람들은 자기가 다른 사람들을 기쁘게 만들고 싶어 하며, 사람들이 자기를 좋아하길 바란다고 말하는 걸 수치스럽게 생각한다. 사람들이 말하는 것과 실제로 행동하는 방식은 일치하지 않을 수도 있다는 걸 명심하자.

○

3단계: 적시에 더 주고 덜 받기

나와 상대의 기본가치를 알게 되었다면, 그 정보를 가지고 무엇을 할 수 있을까? 첫째, 그 사람이 앞으로 할 행동과 선택에 대한 예측이 정확해진다. 이는 동료가 새로운 프로젝트를 어떻게 진행할 것인지, 혹은 이 사람과 연인관계를 맺어도 좋을지 결정할 때 매우 도움이 된다.

둘째, 주변 사람들에게 동기를 부여하는 데 사용할 수 있다. 아이에게 집안일을 더 많이 시키고 싶다면, 용돈을 더 많이 주는 게 최고의 방법이 될 수도 있다. 상사에게 깊은 인상을 심어주고 싶다면, 상사가 좋아할 행동을 함으로써 그의 기본가치를 충족시켜주면 된다. 일을 더 잘하자고 팀원들을 격려하고 싶다면, 팀원들이 가치를 두는 것을 더 주고 덜 받으면 된다.

기본가치가 지닌 힘을 활용할 수 있는 가장 좋은 방법은 적시에 올바른 자원을 제공하는 것이다. 내 학생들 가운데 몇몇은 때때로 상황적인 가치를 더해야 할 필요도 있다는 점을 발견했다. 즉, 누군가의 기본가치가 특별한 상황에서는 달라질 수도 있는 것이다. 예를 들어, 내 동료의 기본가치가 '돈'이라는 걸 알고 있다고 치자. 하지만 이 동료가 프로젝트를 맡게 되는 경우 칭찬과 인정을 갈구하게 될 수도 있다. 즉, 상황적 가치가 '지위'에 있게 되는 것이다.

가치를 채우면 마음을 훔칠 수 있다

론돌로지가 세계 최고의 리조트로 발전할 수 있었던 건 호텔을 둘러싼 자연의 아름다움 때문만이 아니었다. 보이드 바르티가 가진 인간에 대한 통찰력도 일조했다. 바르티는 매일 그가 만나는 모든 사람의 기본가치에 가까이 다가선다. 그 사람이 사파리 가이드이거나 프론트데스크 직원, 혹은 요리사여도 마찬가지다. 또한 누군가가 사파리를 찾은 이유가 호사스러운 경험 때문인지(봉사), 삼시세 끼 별 5개짜리 식사를 제공한다는 점 때문인지(물자), 또는 자연과 하나가 되는 듯한 느낌 때문인지(사랑) 재빨리 파악해낸다.

결국 가장 중요한 건, 보이드는 사람들의 마음을 훔친다. 그는 론 돌로지를 찾는 사람들에게 의미를 줄 수 있는 방식을 끊임없이 찾 아낸다. 우리의 목표도 마찬가지다. 사람들의 가치를 찾아내고, 그 들에게 의미를 부여하고, 마음을 훔쳐라.

● ─────────────────────────── 도전과제

1 ── 인생에서 가장 중요한 5명을 떠올려보자. 그 사람들의 기본가치는 무엇인가?
2 ── 라이저의 기본가치를 알아보자. 이를 어떻게 충족시켜줄 수 있을까?
3 ── 파트너와 기본가치 연습을 해보자. 그 사람들이 생각하는 당신의 기본가치는?

● ─────────────────────────── 복습

사람들이 서로 주고받는 자원은 6가지로 나뉜다. 우리는 하나의 기본가치를 지니고, 이는 우리의 행동, 행위, 선택을 이끈다. 상대의 기본가치를 안다는 건 그 사람을 파악하는 마지막 단계다.

· 내가 자원을 어떻게 주고받는지 이해한다.
· 나의 기본가치가 무엇인지 안다.
· 사람들을 움직이는 게 무엇인지 알기 위해 매트릭스의 '가치' 층에 접근한다.

내가 이번 장에서 얻은 가장 큰 교훈은: ─────────────────────

_____

_____

_____

_____

_____

_____

_____

_____

Part 3

첫 5일

사람의 마음을 훔친다는 건 이런 것이다.
자랑, 성취, 업적을 이야기하는 것으로
다른 사람들에게 감명을 줄 수 없다.
진심으로 다가가 정신적 주파수를 맞춰야 한다.
함께하고픈 사람들과 평생갈 인연을 맺어보자.

너와 나의 연결고리

사람들을 내 편으로 만드는 대화법

나는 대학시절 용돈을 벌기 위해 텔레마케터로 일했다. 모교 졸업
생들에게 전화를 걸어 기부해달라고 부탁하는 일이었다. 이 일을
시작하고 첫 몇 주가 가장 힘들었다. 기부라는 말을 하자마자 전화
가 뚝 끊기는 일은 욕설을 듣는 것보단 양반이었다. 200통 가까이
전화를 걸면 전화를 끊지 않는 사람이 1, 2명 있었다. 그들에게서
기부를 받았냐고? 솔직히 말하자면 나는 밥값도 못했다.

매니저가 내 최악의 실적과 계속되는 통화 실패를 보다 못해 내
게 다가와 물었다. "넌 에모리대학교를 사랑하니?" 나는 대답했다.
"네, 당연하죠! 그래서 제가 기부금을 모으려고 애쓰는 걸요." 그가

다시 물었다. "왜 에모리를 사랑하니?" 쉬운 질문이었다. "음, 제가 왜 에모리를 사랑하냐면요. 최고의 교수님들이 계시고, 훌륭한 사람들이 모여 있고, 또 캠퍼스도 아름답고…" 매니저가 내 말을 잘랐다. "나는 네가 전화를 할 때 그렇게 접근했으면 좋겠어. 넌 에모리를 사랑해. 졸업생들도 에모리를 사랑해. 그 이야기를 하란 말이야."

그의 말은 옳았다. 50년 전에 졸업했든, 지금 어디에 살든 그건 중요치 않았다. 우리에겐 나눌 수 있는 이야기가 있었다. 나는 그 사람들이 에모리에서 보낸 시간들에 대해 이야기를 듣기로 했다. 무엇이 변했는지, 졸업 후 다시 캠퍼스를 찾아봤는지, 그리고 학창시절 가장 소중한 추억이 무엇인지 등을 말이다. 마지막에 이 사람들이 기부하면 성공이었다. 기부하지 않아도 상관없었다. 내 목표는 단 하나, 이야기를 모으는 것이었으니까. 천천히, 내 이야기들이 가다듬어지면서 전화통화 역시 나아졌다.

"여보세요?"

"안녕하세요, 스미스씨. 제 이름은 바네사예요. 에모리대학교 2학년이고요. 잠시 학창시절 추억을 들려주실 시간이 있으세요?"

"2학년이라고요? 와. 요새 우리 축구팀은 어떤가요?"

"정말 잘하고 있어요, 선배님. 아직도 백전백승이에요."(에모리대학교에는 축구팀이 없다. 이건 에모리 학생들끼리만 통하는 농담이다.)

"사실 지난 주말에 동창회가 있었어요. 이 동네에서 난 복숭아로 만든 엄청 큰 아이스크림 음료수도 나왔죠. 1978년 동창회에서도 그런 걸 하셨나요?"

"와, 세상에. 잠깐 생각 좀 해보죠. 우린 행진을 했었고, 당시엔 물풍선을 준비했어요."

"말도 안돼요! 이번에 물풍선을 준비했다간 온 캠퍼스가 난리가 났을 거예요. 학교가 얼마나 화단을 아끼는지 아시잖아요."

"아, 맞아요. 잔디밭에서 축구 한번 했다가 정원사들한테 얼마나 혼났던지! 음, 어린 후배님을 위해 제가 뭘 도와줄까요?"

"선배님, 저는 에모리 텔레펀드에서 전화를 드리는 거예요. 작년에 저희에게 100달러나 기부해주셨죠. 그래서 혹시 올해는 150달러 정도 기부해주실 수 있는지 궁금해서요. 그리고 역사학 전공이신 만큼 제가 그 기부금을 역사학과를 위해 쓸 수 있도록 따로 분류할 수 있어요."

"아, 그게 가능해요? 그렇게 해주세요, 그럼. 그리고 탈보트 교수님께 안부 전해주시고요. 아직 학교에 계신다면요."

기부금이 불어나기 시작했고, 나는 내 일을 사랑하게 됐다. 나는 도서관 구석구석에 숨겨진 쉼터에 대해 알게 됐다. 그리고 내 선배들에 관해 정말 많은 걸 알게 됐다. 매주 나는 전화로 나눌 수 있는 많은 이야기를 모았고, 이야기를 끌어내는 새로운 방법을 궁리해냈다. 나는 그렇게 이야기 사냥꾼이 됐다. 이제 당신 차례다.

전략 10

이야기 탑을 쌓아라

우리는 본능적으로 이야기가 가진 힘을 이해하지만, 이를 활용하는 데 어려워한다. 이야기가 가진 힘을 다루는 가장 쉬운 방법은 좋아하는 일화와 서사, 그리고 이에 따른 질문들을 언제나 사용할 수 있게 한 자리에 모아두는 방식이다. 이를 '이야기 탑 쌓기'라고 부르겠다.

- **출발주제:** 사람들이 흔히 나누는 안전하고 평범한 영역의 주제다. 나는 이를 '방아쇠 주제'라고 부른다. 날씨와 교통, 주말 계획, 그리고 최근의 TV 프로그램에 대한 이야기를 꺼내보자.
- **대화 스파크:** 웃음, 탄식, 탄성을 자아내고, 뒤이어 훌륭한 대화를 만들어내는 일화들을 의미한다. 각 출발주제에 맞는 적어도 하나의 이야기를 얻기 위해 사용해보자(3장 참고).
- **부메랑:** 이야기를 끝마쳤을 때 당신은 이야기를 나누는 상대방이 이에 맞는 이야기로 받아쳐주길 바라게 된다. 아니면 상대방은 질문에 대답한 후 당신에게 되물을 수도 있다. 나는 이를 '부메랑 던지기'라고 부른다. 상대의 이야기를 얻어내기 위해 어떤 질문을 던지면 될까?

출발주제와 대화 스파크, 그리고 부메랑을 최대한 많이 떠올리며 다음 표에서 대화 스파크 칸을 채워보자. 반드시 나만의 이야기일 필요는 없다. 사무실에서 웃긴 이야기를 들었다고? TV에서 웃긴 걸 봤다고? 이야기 탑에 키워드를 적어보자.

이야기 탑		
출발주제	대화 스파크	부메랑
요즘 사건들 **최근 뉴스** **충격적인 뉴스**		– 절대로 잊지 못할 뉴스가 있다면? 그리고 그 뉴스를 들었을 때 당신은 어디에 있었는가? – 그 뉴스를 들었을 때 기분이 어땠는가?
직업 **첫 직업** **경력** **꿈의 직업**		– 당신이 일하는 분야에 뛰어들려는 10대들에게 조언한다면? – 일을 하면서 가장 놀란 점은? – 일을 하게 된 계기가 있는지?
새로운 취미 **여행** **주말계획**		– 당신의 버킷리스트에 있는 여행지는? – 최근 시도해본 새로운 취미가 있다면?
명절 **휴가**		– 다음번 휴가지는? – 세계 최고의 휴가지는? – 역대 최고, 최악의 휴가는?
교통 **출퇴근** **운전**		– 운전할 때 듣는 가장 좋아하는 음악이나 방송은? – 가장 좋아하는 팟캐스트는? – 출퇴근 시간이 긴지?
TV 프로그램 **책** **영화**		– 요즘 읽는 책, 최근에 읽은 책은? – 즐겨보는 TV 프로그램은? – 지금까지 봤던 최고의 영화는?
연예인 **롤모델** **유명한 일화** **유명인사**		– 연예인을 본 적 있는지? – 흥미로운 연예인 비화를 들은 적 있는지? – 만나보고 싶은 연예인은? – 당신의 롤모델은?

평범한 이야기를
끝내주는 이야기로 바꾸는 기술

훌륭한 이야기꾼이 될 수 없다면 아무리 훌륭한 이야기 탑을 쌓아도 소용없다. 상상력을 자극하는 매력적인 대화를 나누고 싶다고? 간단한 팁 3가지로 평범한 이야기를 끝내주는 이야기로 바꿔보자.

- **후크로 시작하기**: 처음에 관심을 끄는 게 중요하다. 후크로 쓰일 수 있는 것엔 도발적인 질문, 자극적인 설명, 또는 약간 욱하게 만드는 아이디어 등이 있다.
- **갈등에서 승리하기**: 최고의 이야기는 갈등을 핵심으로 한다. 질문이나 풀어야 할 문제, 또는 극복해야 할 도전 등이 그렇다. 또는 이야기를 통해 긴장감을 고조시킨다고 생각해보자. 뭔가 힌트를 줄 수 있는가? 다른 누군가와 대립하고 있는가? 이야기에 핵심이 잘 드러나는가?
- **도발적인 표현 사용하기**: 스페인 과학자들은 '향수'나 '커피' 같은 단어를 읽는 것만으로도 우리 뇌의 후각체계가 활성화된다는 것을 발견했다. 이야기에 더 많은 묘사가 들어갈수록, 청자의 뇌는 더 활발히 깨어난다. 흥미롭고 생생한 표현을 통해 이야기에 조미료를 더하자.

명심할 것은 이야기가 짧아야 한다는 점이다. 이야기를 시작한 지 3분이 넘어가면 '대화 폭군'이 되어버린다. 일단 이 방법을 사용하면 지루한 일화도 빵 터지는 이야기로 쉽게 바꿀 수 있다. 작가 수잔 캐인Susan Cain은 내성적인 성격에 관한 테드 강연에서 이 방식을 사용해 1,400만 이상의 조회 수를 기록했다.[1] 캐인은 청중을 사로잡기 위해 후크와 갈등, 그리고 부메랑 기법을 사용했다.

> 9살 때 처음으로 여름방학 캠프에 참가했어요. 그리고 저희 어머니는 제 가방을 책으로 가득 채워주셨죠. 저에게는 정말 완벽하게 자연스러운 일이었어요. 왜냐하면 저희 가족에게 독서는 모두가 함께할 수 있는 기본적인 취미였거든요.(▶ 후크)
> 그리고 좀 비사교적으로 들릴지도 모르지만, 독서는 우리 가족에게 일종의 사교생활이었어요. 가족들과 옹기종기 모여 앉아 그 온기를 느끼면서도 마음속으로는 모험으로 가득 찬 세계를 자유로이 누비는 거죠. 그래서 저는 여름캠프도 마찬가지일 거라고 생각했어요. 하지만 훨씬 더 즐거웠죠.(▶ 갈등)
> 저는 잠옷을 똑같이 맞춰 입은 소녀들 10명이 아늑한 통나무집에 모여 앉아 책을 읽는 모습을 떠올렸어요. 하지만 캠프는 술 없는 맥주파티와 같았죠. 첫날, 인솔 선생님은 우리를 모두 모아놓고는 응원구호를 가르쳐주셨어요.

우리는 여름 내내 이 캠프의 정신을 배우기 위해 그 구호
를 외쳤죠. 이런 구호였어요. '시!끌!벅!적! 우리는 시끌
벅적이라고 외치지. 시끌시끌, 벅적벅적, 우리 시끌벅적
하게 놀아보자!'(▶ 독특한 단어)
네, 맞아요. 전 왜 우리가 시끌벅적하게 놀아야 하는지,
왜 이런 식으로 구호를 외쳐야 하는지 전혀 이해할 수 없
었어요.(▶ 부메랑)

캐인은 다음처럼 단순하게 이야기함으로써 똑같은 이야기를 훨
씬 더 지루하게 만들 수도 있었다.

많은 사람이 독서를 비사교적이라고 생각하더라도 저에겐
가족들과 함께하는 활동이었어요. 그래서 제가 처음 캠프
에 가게 됐을 때 그곳에 적응하기가 정말 어려웠죠.

캐인은 사람들이 그녀의 갈등에 몰입할 수 있게 후크를 사용했
다. 그리고 사람들을 웃게 만드는 부메랑을 사용했다. 이런 식의 부
메랑은 많은 청중 앞에서 사용하기에 매우 적합하다.
 이야기를 이런 구조에 짜 맞추는 게 어렵다고? 걱정 마시라! 연
습을 위해 빈칸 채우기 문제를 준비했다. 여기서 출발주제는 '출퇴
근'이다. 따분한 주제라고? 우리는 이를 앞서 말한 방식에 맞춰 짧
은 이야기로 만들 것이다. 다음 칸을 채워보자.

"제가 운전하면서 본 것 중 가장 ＿＿＿＿한 일을 알고 싶나요?"(▶ 후크)

"운전해서 가던 중 저는 고개를 돌렸다가 갑자기 ＿＿＿＿를 보게 되었어요."(▶ 갈등)

"그리고 그건 바로 ＿＿＿＿였어요!"(▶ 독특한 단어)

"누군가 자기 차에서 ＿＿＿＿한 무엇인가를 하는 걸 본 적 있어요?"(▶ 부메랑)

이 연습문제를 '유명인사'라는 출발주제에 맞춰 풀어보자. 이번 주제는 좀 더 길어질 수도 있다.

"한번은 ＿＿＿＿년 전에 제 인생에서 가장 멋진 사람과 만나게 됐어요."(▶ 후크)

"이 이야기가 아마 ＿＿＿＿하게 들리겠지만, 저는 언제나 ＿＿＿＿를 만나고 싶어 했어요. 왜냐하면 ＿＿＿＿했으니까요. 그러기 전까지 저는 정말 ＿＿＿＿했지요. 마침내 그 순간이 왔어요."(▶ 갈등)

"그리고 ＿＿＿＿가 있었어요! 그 사람들과 만나서 제가 가장 놀란 점은 ＿＿＿＿라는 것이었어요. 저는 절대 ＿＿＿＿를 잊지 못할 거예요."(▶ 독특한 단어)

"당신이 만났던 가장 멋진 사람은 누구인가요?"(▶ 부메랑)

201쪽에서 '대화 스파크' 칸을 채워 당신의 이야기 탑을 완성했다. 표를 보면서 이 공식에 따라 연습해보자. 당신의 이야기 탑을 훑어보고, 일화마다 후크와 갈등을 떠올릴 수 있는지 살펴보자.

고달픈 삶의 현장에 웃음이 있다

이야기 탑과 3단계 스토리텔링 기법은 대화와 이메일, 그리고 SNS 프로필에서도 사용할 수 있다. 나의 예를 들어보겠다. 나는 매주 10만 명 이상의 구독자에게 주간 이메일을 보낸다. 언젠가 나는 '왜 커플들은 싸우는가'라는 제목의 기사 링크를 보낸 적이 있다. 링크하나만 달랑 보내는 대신 나는 남편과의 짧은 이야기를 써서 보냈다. 이런 식이었다.

〔주제: 커플들이 싸우는 이유 5가지〕

"여보, 그 양말 좀 제대로 벗어놓을래요?"

"자기야, 그 더러운 양말 좀 주워놓을래?"

"제발 너의 냄새나고 더럽고 썩어빠진 양말 좀 주워!"

당신이 만약 우리 집 벽에 붙어있는 파리라면 이런 식의 이야기를 매일같이 듣게 될 거예요. 당신도 파트너랑 이런 말싸움을 하고 또 한다고요? 우린 절대 혼자가 아니군요!

오싹한 얘기 하나 해줄게요. 존 가트맨 박사에 따르면 부부싸움의 69%는 절대 해결될 수 없대요! 워, 워. 괜찮아요. 제가 도와줄게요. 우리 중 69%는 똑같은 걸 가지고 싸우고 또 싸우죠. 이건 나쁜 소식이에요. 하지만 좋은 소식도 있어요. 우리가 무엇에 관해 싸우고, 그 싸움이 어떻게 시작되는지 안다면, 말다툼을 진정시킬 수 있어요. 당신의 가장 큰 문제가 무엇인지 보고, 어떻게 이를 해결할지 알아봅시다. [링크]

이 이메일은 평소보다 더 높은 조회 수를 기록했다. 왜냐고? 나의 이야기를 들려주기도 했지만, 또 현실적인 모습을 보여줬기 때문이다. 나는 내 남편과의 이야기를 솔직하게 털어놓았다.

최고의 이야기는 성공과 실패를 동시에 담고 있는 이야기다. 조금은 부끄럽고, 조금은 상처받을 수 있으며, 조금은 두려운 이야기를 나누는 걸 두려워하지 말자. 이런 이야기야말로 최고의 인연을 맺게 해줄 테니까.

5 MINUTES BOX

1 __ 좋아하는 이야기 3가지를 떠올려보자.
2 __ 이 이야기를 최고로 만들어줄 후크와 갈등, 표현법을 생각해보자.
3 __ 좋은 이야기를 들었을 때 이를 기억하기 위해 휴대폰에 메모해두자.

복습

이야기는 인연을 맺는 지름길이다. 이야기 탑을 활용하는 것은 누군가를 당신의 사고방식에 동조하게 만들 수 있는 최고의 방법이다.

- 이야기는 우리의 뇌를 깨우고 동기화시킨다.
- 대화를 위해 출발주제를 찾아보고, 상대의 이야기를 끌어내기 위해 부메랑을 사용하자.
- 모든 이야기가 항상 똑같이 만들어지는 건 아니다. 하지만 모든 이야기에는 후크와 갈등, 그리고 생생한 표현이 들어가야 한다.

내가 이번 장에서 얻은 가장 큰 교훈은: _____

_____

_____

_____

_____

_____

_____

재량권을 부여하라
사람들을 리드하는 법

마이클 노튼Michael Norton, 다니엘 모촌Daniel Mochon, 댄 에리얼리Dan Ariely 연구팀은 흥미로운 실험을 했다. 연구팀은 실험참가자들에게 종이 개구리나 종이학을 접도록 했다. 그리고 연구팀은 종이로 접은 개구리와 학을 살 테니, 실험참가자들에게 그 물건을 사는 데 얼마를 지불하겠냐고 물었다. 연구팀은 종이접기를 하지 않은 실험참가자들에게도 그 종이접기들을 보여주며 얼마에 사겠냐고 물었다. 결과가 어땠을까?

짐작할 수 있듯이 종이접기를 하지 않은 사람들은 아마추어 냄새가 나는 작품들을 거의 쓸모없는 종이 쓰레기로 인식하는 반면

(5센트 미만), 종이접기를 한 사람들은 자신의 종이접기에 더 많은 가치(23센트)를 부여했다. 금액이 무려 4배가 넘는 차이를 보였다. 연구팀은 이케아 가구와 레고 작품을 가지고 동일한 실험을 진행했고, 결과는 거의 비슷했다.[1]

우리는 우리가 만든 물건들을 좋아한다. 왜냐하면, 그 물건을 우리 자신의 연장선상으로 보기 때문이다. 그렇기 때문에 그 물건에 더 높은 가치를 두게 된다. 그리고 이는 '이케아 효과'라고 불린다. 우리는 이케아 효과를 이용해 주변 사람들에게 재량권을 부여함으로써 인간관계를 활용할 수 있다. 우리가 통제를 포기할 때 그들에게 힘을 부여할 수 있게 된다. 나는 이 전략을 이렇게 표현하려 한다. 주인의식을 가지자!

전략 11

통제권을 직접 갖게 하라

사람들을 지도한다는 건 미션을 전달하고, 그 미션에 사람들이 참여하도록 이끄는 것이다. 동료에게 동기를 부여하거나, 팀에 권한을 주거나, 친구를 격려하고 싶다면, 당신이 해야 할 일은 이들에게 어떻게 '주인의식'을 심을지 알아내는 것이다.

o

기술 1: '감정적 주인의식'을 심어라

1977년 하버드대학교 심리학자 엘렌 J. 랭어^{Ellen J. Langer}는 복사기 줄에 끼어드는 방법을 개발해내고 싶었다. 랭어는 조교가 3가지 대사를 사용해 복사기 줄 맨 앞에 끼어들도록 했다.

> "실례합니다. 저 이것을 5장 복사해야 하는데요. 복사기 좀 써도 될까요?"(▶ 부탁만)
>
> "실례합니다. 저 이것을 5장 복사해야 하는데요. 제가 바빠서 그런데, 복사기 좀 써도 될까요?"(▶ 부탁 + 논리적 이유)
>
> "실례합니다. 저 이것을 5장 복사해야 하는데요. 제가 복사를 해야 해서 그런데, 제록스 복사기 좀 써도 될까요?"(▶ 부탁 + 바보 같은 이유)

두 번째 부탁만이 이성적으로 말이 된다. 첫 번째 부탁은 사람들이 복사기를 사용하려고 그 줄에 서 있는 게 빤하기 때문에 엉터리다. 세 번째 부탁 역시 우습다. 그 줄에 서 있는 사람들은 모두 복사를 해야 하기 때문이다.

첫 번째 부탁의 효과는 나쁘지 않았다. 60%의 사람들이 순서를 양보해줬다. 두 번째 부탁은 효과가 아주 좋았다. 논리적인 이유는

94%의 사람들이 자리를 비켜주도록 설득할 수 있었다. 그러나 바보 같은 이유로 부탁했을 때도 93%의 사람들로부터 "그렇다."라는 대답을 얻어냈다![2]

비논리적인 이유가 힘을 발휘하는 이유는 무엇일까? 인간은 목적에 의해 움직이는 동물이다. 우리는 우리가 하는 모든 일 뒤에 이유가 있다고 믿고 싶어 한다. 그래서 현명한 리더들은 행동을 장려하기 전에 감정적인 자기수용을 거치게 한다. 목표 뒤에 놓인 동기에 대해 설명함으로써 자기들의 행동 뒤에는 '이유'가 있다는 걸 알려준다. 그리고 자기의 목적이 당신의 목적이 되길 바란다. 그렇게 청자들은 그 목표에 대해 일부 주인의식을 느끼게 된다. 이 전략이 어렵게 들린다면, 좀 더 쉬운 트릭이 있다.

○

기술 2: 부탁할 때 '왜냐하면'을 사용하라

'왜냐하면'이란 말은 목적을 은연중에 암시한다. 복사기 실험을 통해 말도 안 되는 이유조차 사람들을 성공적으로 설득할 수 있다는 걸 알게 됐다. 하지만 나는 당신이 더 강력한 이유를 찾아내길 바란다. 다음은 '왜냐하면'이란 말을 좀 더 효과적으로 사용하는 법이다.

- 상대방과 엮기: 가장 좋은 '왜냐하면'은 청자에게 이득을 주는 것이다. 어떤 보답이 있을 것인가? 최종 결과는 무엇인가? 이

득은 무엇인가? 로레알의 슬로건을 떠올려보자. "저는 소중하니까요." 이 말은 고객의 욕구에 바로 꽂힌다.

- **나와 엮기:** 나에게 큰 의미가 있는, 또는 나를 매우 행복하게 해주는 무엇인가가 있다면, 효과적인 '왜냐하면'을 만들어내는 데 진짜 열정을 활용할 수 있다. 미국 해병대의 슬로건 "소수정예, 자부심, 해병대The Few. The Proud. The Marines."를 생각해보자. 해병대가 무엇을 의미하는지, 그들의 엘리트적인 미션이 무엇인지를 보여준다.

- **우리와 엮기:** 당신의 '왜냐하면'을 공익, 또는 사회 전체를 돕는 어떤 방법에 엮을 수도 있다. 애플의 "다르게 생각하라Think Different."라는 슬로건은 안정된 세계에 도전하라는 이야기를 고객과 세상 모두에게 어필한다.

언제나 이유를 공유하자. 그리고 가능하다면 최대한 많은 감정적인 호소로 이를 엮어보자. 앞선 3가지 방법을 모두 사용할 수도 있다. 나는 일상생활에서 이렇게 부탁한다.

- **전형적인 부탁:** "저녁으로 인도음식을 먹으러 가자."
- **나의 부탁:** "저녁으로 인도음식을 먹으러 가자. 왜냐하면 맛있잖아. 그리고 당신이 전에 새로운 걸 한번 먹어 봤으면 좋겠다고 말했으니까."

- 전형적인 부탁: "전화번호 좀 알려주세요."
- 나의 부탁: "전화번호 좀 알려주세요. 왜냐하면 우리는 함께 멋진 시간을 보낼 수 있을 테니까요!"

- 전형적인 부탁: "이번 비행에서 통로 쪽 자리에 앉을 수 있나요?"
- 나의 부탁: "이번 비행에서 통로 쪽 자리에 앉을 수 있나요? 왜냐하면 저는 자리에서 자주 일어나거든요. 주변 사람들을 방해하고 싶지 않아요."

어떤 부분에서든 사람들을 끌어들이려면 스스로 그 이유를 먼저 알아야만 한다. 즉, 행동을 이끌 수 있는 미션이 중요하다. 이유는 영감을 얻을 수 있는 출발점이다. 당신을 이끄는 이유가 무엇인지 모른다면, 사람들에게 재량권을 부여할 수 없다. 왜냐하면 당신의 사람들 역시 그 이유에 이끌리기 때문이다.

○

기술 3: 맞춤형 주인의식 부여하기

사소한 일까지 관리하는 마이크로매니지먼트^{Mircromanagement}는 리더십에 치명적이다. 가장 훌륭한 리더는 언제 통제를 그만둘지 잘 안다. 또한 일을 어떻게 하는지 알려주고 사람들에게 더 많은 권한을 부여할수록, 일의 결과가 더 좋을 거라는 걸 안다.

그렇다고 해서 모든 통제를 포기해야 한다는 건 아니다. 그보다는 어떻게 하면 사람들이 스스로 재능을 발휘할 수 있을지에 대해 생각해야 한다. 과학자들은 소비자가 자기 취향에 맞춰 만들어낸 제품에 더 높은 가격을 지불할 의향이 있다는 걸 밝혀냈다.[3]

사람들이 업무처리 과정을 자기 자신에게 맞춰 구성하거나, 자신만의 전략을 실행하도록 더 많이 허용하면 더 나은 결과가 도출된다. 스포츠웨어 브랜드 룰루레몬 애슬래티카Lululemon Athletica의 CEO 크리스틴 데이Christine Day는 기업을 운영하면서 어려움에 허덕일 때까지 이 사실을 깨닫지 못했다. "전 정말 똑똑하고 뛰어난 사장이었어요. 그리고 언제나 제가 옳다고 생각했죠." 그녀는 '옳음'이 회사에 동기를 부여하기엔 좋은 방법이 아니란 걸 깨달았다.

데이는 직원들이 상부 경영층의 지시에 따르도록 하는 대신, 이들이 브레인스토밍을 하고 자신만의 해결책을 도출해낼 수 있는 공간을 마련했다. 데이가 말했다. "사람들에게 주인의식이나 책임감을 주려고 할 때 중요한 건, 제가 이야기를 하는 게 아니었어요. 사람들이 아이디어에 함께 참여하고, 우리의 목적에 따르도록 하는 게 중요했죠."[4]

데이는 사람들이 자신의 능력을 활용하고, 기업 활동에 주인의식을 가질 수 있는 일자리를 만들어내고 싶었다. 그리고 이 부분이 자신이 가진 리더십의 핵심이라고 믿는다. 그녀는 말했다. "최고의 아이디어와 문제해결능력을 지닌 사람들에게서 최고의 지도자가 된

다는 것은 저에게 정말 큰 영향을 미쳤어요."⁵

데이의 리더십 아래서 룰루레몬의 점포 수는 71개에서 174개로
늘어났다. 그리고 매출은 2억 9,700만 달러에서 10억 달러로 증가
했다.⁶ 좋은 리더가 된다는 건 사소한 데까지 간섭한다는 의미가 아
니다. 직원들이 업무를 자기 스타일대로 끌어나갈 수 있도록 재량
권을 준다는 의미다.

우리는 앞서 전형적인, 그리고 빤한 부탁들을 전략에 맞춰 개선
해보았다. 그렇다면 최종적으로는 어떻게 개개인에게 맞춤형으로
만들 수 있을까? 굵은 글씨를 살펴보라.

- 전형적인 부탁: "저녁으로 인도음식을 먹으러 가자."
- 나의 부탁: "저녁으로 인도음식을 먹으러 가자. 왜냐
  하면 맛있잖아. 그리고 당신이 전에 새로운 걸 한번 먹
  어봤으면 좋겠다고 말했으니까. 에피타이저는 당신이
  골라!"

- 전형적인 부탁: "전화번호 좀 알려주세요."
- 나의 부탁: "전화번호 좀 알려주세요. 왜냐하면 우리
  는 함께 멋진 시간을 보낼 수 있을 테니까요! 내 핸드
  폰에 당신의 번호를 찍어주고 싶지 않으세요?"

- 전형적인 부탁: "이번 비행에서 통로 쪽 자리에 앉을

수 있나요?"

- 나의 부탁: "이번 비행에서 통로 쪽 자리에 앉을 수 있
  나요? 왜냐하면 저는 자리에서 자주 일어나거든요. 주
  변 사람들을 방해하고 싶지 않아요. 그리고 이 항공기
  에선 가장 좋은 자리가 어디인지 추천도 해주세요."

상대를 끌어들임으로써 어떤 부탁도 성공할 수 있다. 당신이 할 일은 상대가 그 결과를 당신과 누릴 수 있도록 돕는 것이다. 내가 설문조사한 바에 따르면, 응답자의 80% 이상이 리더는 '타고나는' 게 아니라 '만들어진다'고 믿는다. 나 역시 동의한다. 누구든 올바른 도구만 있으면 리더가 될 수 있다. 당신은 사람들의 문제를 해결해줄 수 있다. 그리고 그 문제를 해결하도록 사람들에게 힘을 부여할 수도 있다.

1 ___ 사람들을 이끌려는 이유가 무엇인가?

2 ___ 위임해야 할 일 1가지를 떠올려보자. 그 일을 잘할 수 있는 사람을 뽑고 한발 물러나자.

3 ___ '왜냐하면'을 붙여 부탁해보자. 그리고 사람들의 반응을 살펴보자.

누군가를 이끌고 싶다면 팀이나 사람들을 격려하고 고무시켜야 한다.

• 목표를 공유하자. 그리고 가능한 한 모두의 이익에 연결시키자.

• 개개인의 특별한 능력을 어떻게 활용할지 생각해보자.

• 한발 물러나 다른 사람들이 그 과정을 주도할 수 있게 하자.

내가 이번 장에서 얻은 가장 큰 교훈은: _____

_____

_____

_____

_____

_____

_____

_____

_____

약점을 드러내라

오래도록 계속될 인연을 만드는 법

프랭크 워렌^{Frank Warren}은 비밀 파수꾼이다. 매주 모르는 사람들이 자신의 비밀을 털어놓은 엽서를 그에게 보내온다. 2004년 그는 주소를 적은 엽서 3,000장을 만들어 익명으로 비밀을 털어놔달라고 부탁했다. 그는 이 엽서들을 워싱턴 길거리에서 나눠줬고, 지금까지 100만 가지가 넘는 비밀들을 고백받았다. 지금도 매주 1,000가지 이상의 비밀이 그에게 도착한다.

그는 이 엽서들을 예술작품으로 바꿔 '포스트시크릿^{PostSecret}'이라 이름 붙인 자신의 블로그에 연재하기 시작했다. 몇 년이 지나자 블로그는 입소문을 타기 시작했다. 나는 우연히 포스트시크릿을 알게 된 후, 사람들의 비밀을 들여다보느라 몇 시간을 보냈다. 우리는 이렇게 다른 사람들의 고백을 읽기를 좋아한다. 하지만 왜 사람들은 고백을 할까?

워렌이 설명했다. "우리는 매일 우리 자신에 대해 무엇을 드러내고 무엇을 감출지 결정해요. 그러한 결정은 우리가 무엇을 이야기하고, 누구에게 이야기하는지에 영향을 미쳐요. 그리고 우리를 짓누르죠. 가장 약점이 되는 이야기를 나누는 건 다른 사람과 친밀감을 형성하고 오랜 인연을 만들어주는 용감한 행동이에요." 그는 내가 '약점 효과'라 부르는 것을 활용하고 있었다.

워렌이 가장 자주 듣는 비밀이 무엇이냐고? 워렌이 말했다. "지금까지 가장 많이 들은 고백은 이거예요. '나는 샤워하면서 오줌을 눠요.' 그리고 두 번째로 자주 듣는 고백은 소속감과 관련된 거예요. 누군가는 소속될 곳을 찾고 싶어 하고, 누군가는 소속된 곳에서 벗어나고 싶어 해요. 사람들은 비밀을 감출 필요가 없는 누군가나 집단을 찾으려고 노력하는 것처럼 보여요."[1] 우리는 어딘가에 속하고 싶고, 우리 모습 그대로 받아들여지길 원한다는 것이다.

여기서 재미있는 건, 우리는 비밀 때문에 사람들이 우릴 받아주지 않을까 봐 두려워한다. 하지만 가끔 우리는 비밀을 나눔으로써 가장 빨리 사람들 사이에 받아들여진다. 이번 장의 목표는 당신의 비밀을 아무에게나 털어놓으란 게 아니다. 그건 정말 오싹하고도 이상한 짓이니까. 그 대신, 비밀 때문에 인간관계에서 짓눌리는 느낌을 받을 필요가 없다. 이 전략은 당신의 약점을 이용해 인연을 발전시킬 수 있는 방법을 알려줄 것이다.

약점은 섹시하고 매력적이다

마지막으로 여드름이 났던 때를 떠올려보자. 사람들이 얼굴에 난 거대한 뾰루지를 주목할까 봐 스트레스를 받았는가? 모든 사람이 여드름 얘기만 한다고 생각했는가? 사실 아무도 당신에게 관심이 없다. 우리가 저지른 실수는 우리가 생각하는 것만큼 눈에 들어오지 않는다. 이러한 인지편향은 '스포트라이트 효과'라고 불린다.

코넬대학교의 토마스 길로비치^{Thomas Gilovich}와 빅토리아 메드벡 ^{Victoria Medvec} 연구팀은 과학적 연구를 한다는 미명 하에 학생들에게 창피를 주기로 했다.[2] 연구팀은 학생들에게 부끄러움을 유발하는 그림이 그려진 티셔츠를 입어달라고 부탁했다. 그리고 학생들에게 사람들로 꽉 찬 강의실에서 얼마큼의 사람이 그 티셔츠에 관심을 기울일지 추측해보라고 요청했다. 학생들은 꽤나 많은 주목을 받을 거라 예상했다.

연구팀은 학생들에게 강의실에 들어가서 다른 친구들 사이에 끼어들라고 요청했다. 결과는? 티셔츠를 입은 실험참가자들은 학생들의 주목도에 대해 너무 과하게 예측하고 있었다. 추정치는 실제 주목받은 수치보다 2배 이상 높았다.[3]

길을 걷다 발을 헛디디거나, 사람들 많은 데서 실수를 저지르거나, 강의실에서 엉뚱한 질문을 던지더라도 거의 주목받지 않는다. 그리고 주목을 받는다 해도 금방 잊히기 마련이다. 뭔가를 망치거나 약점을 드러내더라도 사람들은 대부분 인식조차 하지 못한다. 이제 아마 당신의 머릿속엔 이런 의문이 떠오를 것이다. "대부분의 사람들이 보질 않았어도 그걸 본 몇몇 사람들은 어떻게 하죠?"

한 연구에서 사람들이 실수를 저지르는 사람들에 대해 어떻게 생각하는지 알아보았다. 이들은 실험참가자들에게 한 학생이 쪽지시험을 얼마나 잘 봤는지 설명하는 음성파일을 듣도록 했다. 이 학생은 자기가 시험에서 90점을 받았다는 이야기를 덤덤하게 설명했다. 함정은 다음과 같았다.

실험참가자 가운데 한 집단은 이 학생이 이야기를 끝마칠 무렵 커피를 쏟아서 사람들의 옷을 다 적셨다는 이야기를 듣는다. 다른 집단에겐 그러한 정보를 주지 않았다. 연구팀은 그 후 두 집단에게 "이 학생에 대한 호감도는 어느 정도인가?"라고 질문했다.

결과는 어땠을까? 커피를 쏟은 학생은 그렇지 않은 학생보다 호감도와 사교적 매력도에서 훨씬 높은 점수를 받았다.[4] 왜냐고? 실수는 우리를 인간적으로 만들어주니까. 약점은 섹시하다. 약점은 내가 상대와 이어질 수 있고, 현실의 평범한 사람이라는 걸 보여준다. 그 점이 매력이 된다. 그리고 과학은 이를 뒷받침한다. "실수는 그를 인간적으로 보이게 만들고 결과적으로 그의 매력도를 증

가시킨다."고 말이다.[5]

"저 좀 도와주실래요?"

누군가 당신에게 친절을 베풀면, 그 사람이 당신을 좋아할 가능성은 더 커진다.[6] 이 현상을 '프랭클린 효과'라 부른다. 한 세기가 흐른 후 심리학자 존 제커Jon Jecker와 데이비드 랜디David Landy는 프랭클린 효과가 옳다는 걸 확인하고 싶었다.

이 과학자들은 실험참가자들에게 어떤 설문조사를 모두 마치면 소정의 돈을 지불하겠다고 이야기했다. 이 설문조사의 '감독관'은 실은 연기자들로, 실험참가자들이 설문조사를 하는 동안 가능한 한 무례하게 행동하는 역할을 맡았다. 그리고 설문이 끝나면 실험참가자들은 돈을 받았다.

흥미로운 점은 바로 여기부터다. 첫 번째 실험에서 가짜 감독관은 실험실을 떠나는 학생들을 쫓아가서 도움을 요청했다. "돈을 좀 돌려받을 수 있을까요? 저는 제 돈으로 연구를 진행하려고 자금을 모금하고 있어요. 목표액에 거의 도달했죠." 두 번째 실험에서 가짜 '비서'가 학생들 뒤를 쫓아가 똑같은 도움을 청했다. 세 번째 실험에서 실험참가자들은 그 돈을 모두 가질 수 있었고, 아무도 도움을 청하지 않았다.

며칠 후 연구팀은 각 실험참가자들에게 감독관에 대한 호감을 점수로 매겨달라고 요청했다. 결과가 어땠을까? 첫 번째 실험의 참가자들이 감독관에게 가장 높은 점수를 주었다.[7]

용돈을 벌기 위해 설문조사에 응하고 있는 학생이라고 상상해보자. 설문조사를 담당하는 감독관은 무례하다. 설문조사를 빨리 끝내라고 종용하면서 당신을 무뚝뚝하게 대한다. 그러고 나서 이 설문조사를 하느라 하루 종일 시간을 보낸 당신에게, 이 감독관이 다가와 뻔뻔스럽게 번 돈을 모두 달라고 말한다. 당신은 이 감독관에게 호감이 간다고 점수를 매길 수 있을까? 절대 그렇지 못할 걸! 하지만 이 연구는 이 방법이 실질적으로 효과를 발휘한다는 걸 증명한다. 프랭클린 효과는 반직관적이다. 그래서 효과적이다. 그리고 이번 장에서 알려줄 전략이기도 하다.

전략 12

조언을 구하라

감독관이 도움을 요청하며 약점을 드러냈을 때, 그는 좀 더 인간다워지고 상대방과 연결고리를 가진 사람이 되었다.[8] 그렇다면 우리는 어떻게 일상에서 프랭클린 효과를 활용할 수 있을까? 다음 문장을 기억하자. "조언을 구하라." 도움을 부탁하는 건 사람들과 친해지고, 오래 지속될 인연을 만들 수 있는 최고의 방법이다. 이러한 대화 스파크는 효과가 참 좋다.

- "좋아하는 레스토랑이 있으세요?"
- "올해 말에 휴가를 갈까 생각하고 있어요. 최근에 다녀오신 멋진 곳이 있나요?"
- "이번 여름에 읽을 새 책을 찾고 있어요. 추천해주실 책이 있으신가요?"
- "이번 기념일에 여자 친구에게 뭘 사주면 좋을까요?"
- "요새 저는 새로운 축구리그에서 뛰고 있어요. 이번 시즌은 어떻게 끝날 거 같으세요?"
- "새 차를 살까 고민 중이에요. 당신 차는 어때요?"
- "시댁 식구들이 저녁 먹으러 와요. 좋은 레시피를 좀 알려주세요."
- "최근 유튜브에서 본 웃기는 영상 있나요?"
- "대학 친구가 절 만나러 온대요. 걔를 데리고 갈 핫 플레이스가 있을까요?"

대화나 회의에서 말할 거리가 떨어질까 봐 걱정한 적 있다면, 조언을 요청하는 주제로 바꿔볼 수 있다. 다음과 같은 말들로 매끄럽게 전환해보자.

- "그러니까, 전 뭔가 당신에게서 조언을 듣고 싶어요."
- "저기요, 제가 지금 하고 있는 이 새로운 프로젝트에 대해서 당신과 함께 브레인스토밍을 해봐도 될까요?"
- "말 나온 김에, _____를 고칠 / 바꿀 / 해결할 방법이 있을까요?"

이러한 말들은 듣는 사람들을 으쓱하게 만들어준다. 눈썹이 올라가고 당신에게 몸을 가까이 기대면서 아마 이렇게 말할 것이다. "아 진짜요? 도와줄 수 있어서 기쁘네요." 우리는 모두 도와주는 것을 좋아하고, 도와달라는 부탁을 받는 것을 좋아한다.

기억하자. 필요 없는 조언을 구하지는 말자. 약점이란 정직이 관건이지, 정직하지 않게 쓰이는 트릭이 아니다. 그리고 프랭클린 효과가 가지는 힘을 배가하기 위해서는 누군가가 당신에게 조언할 때 '감사'를 표해야 한다. 그리고 당신이 그 조언을 진지하게 받아들인다는 걸 보여줘야 한다. 그러면 사람들은 자신이 가치 있고 도움이 된다고 느낀다. 그리고 소속감을 가지게 된다.

○

보너스: 약점이 매력으로 바뀌는 대화법

'완벽'이란 기묘한 야수다. 우리는 완벽해짐으로써 다른 사람들로부터 호감을 얻으려고 고군분투한다. 그러면서도 완벽해지려고 너무 열심히 노력하는 사람을 싫어한다. 완벽을 추구하면 사람들과 인연을 맺는 것이 힘들어질 뿐 아니라 매력을 떨어뜨린다. 좀 더 사람들과 빨리 친해지고 싶다고? 다음과 같은 대화법을 시도해보자.

- 틀렸을 때 솔직히 고백한다.
- 1번도 안 들어본 것을 아는 척하지 않는다.
- 용서를 구한다.
- 말뜻을 모를 때는 물어본다.
- "미안하다."고 말한다.
- "저는 몰라요."라고 말해도 괜찮다.

나는 약점을 드러낸 순간마다 개인적, 직업적으로 최고의 성과를 얻었다. 예를 들어, 언젠가 한 회의장에서 나는 내 곁에 앉은 여성에게 강연자가 무슨 말을 하는지 도무지 못 알아듣겠다고 고백했다. 그녀는 내 말에 격하게 동의했고, 우리는 강연자로서 겪었던 공포의 추억들을 나누면서 친해졌다. 대화를 시작한 지 한참 후에 나는 그녀가 CNN의 책임프로듀서라는 사실을 알게 됐다. 몇 달 후, 그녀는 내가 방송과 칼럼을 통해 연구를 발표할 수 있도록 자리를 마련해줬다.

사실 내가 어떤 고백이나 부끄러운 이야기를 털어놓을 때 더 많은 사람이 그걸 읽고, 코멘트를 주고, 이를 나눈다. 마치 내가 고백을 털어놓을 때 저마다의 약점을 지닌 사람들이 편안함을 느끼는 거 같다. 그렇게 되면 이 사람들이 도움을 받아들일 가능성은 더 높아진다. 다행히도 나는 내 독자들을 돕기 위해 내 품위를 희생하는 게 언제나 즐겁다.

인생은 나만의 방식으로 사는 것!

노래할 때 내 목소리는 꼭 저체온증에 걸려 천천히 죽어가는 고양이 같다. 친한 친구가 결혼식 전야제를 노래방에서 한다는 걸 알았을 때 나는 끔찍한 공포를 느꼈다. 신부의 절친한 친구로서 꼭 그자리에 참석해야 했기 때문이다. 나는 인터넷에 '노래방에서 부를 수 있는 가장 쉬운 노래'를 찾아 연습하기 시작했다.

결전의 그날이 왔다. 노래방 기계 앞에선 나는 겁에 질려 남편에게로 몸을 돌렸다. 그리고 속삭였다. "여기에 내가 연습한 노래가 없어." 그 어느 때보다 침착하고 차분한 모습으로 남편이 말했다. "걱정 마! 내 노래를 같이 부르면 돼."

남편의 노래가 뭐였냐고? 다름 아닌 래퍼 에미넴Eminem의 '더 리얼 슬림 셰이디The real slim shady'였다! 가사가 2줄을 넘어가면서 나는 갈피를 잃었다. 그리고 정말 창피했다. 그때 무대 앞에 앉아 있던 한 중년 여성이 나에게로 몸을 굽히고는 이렇게 말했다. "최고의 가수가 되지 못할까 봐 걱정하지 마세요. 그냥 질러버리세요. 중요한 건 노래가 아니니까요."

이 말을 듣고 나자 고양이 앞의 쥐 같던 표정이 내 얼굴에서 싹 사라졌다. 나는 하늘 높이 내 손을 치켜들고 관객들이 즉흥적으로 파도타기를 하도록 유도했다. 나는 내가 하드코어하다고 생각해왔던 손동작을 몇 가지 취했다. 그리고 브레이크댄스를 시도했다.

관객들은 열광했다. 꿈틀거리는 내 어설픈 동작에 모두 웃음을 터트렸고, 뜨거운 컵을 잡은 양 마이크를 떨어트리자 환호했다. 나는 용기를 얻어 좀 더 많은 파도타기를 하자고 요구했다. 내 '실수'들은 미친 듯이 즐거움을 주었다. 왜냐고? 나는 아낌없이 질렀으니까. 노래방에서는 노래가 중요한 게 아니었다. 중요한 건 나만의 노래를 만드는 것이다. 인생은 완벽함이 중요한 게 아니다. 중요한 건 나만의 방식으로 살아가는 것이다.

5 MINUTES
—— BOX

1 —— 인생에서 필요한 조언이 있다면 무엇일까? 누군가에게 물어보자.
2 —— 당신의 라이저로부터 어떤 조언을 얻을 수 있을까?

꾸며진 완전함으로 사람들에게 깊은 인상을 심어주는 건 불가능하다. 그리고 진 빠지는 일이다. 약점을 드러내면 인연을 돈독히 만들 수 있다.

• 내가 생각하는 것만큼 사람들은 나의 약점에 관심이 없다.
• 관심이 있더라도 나의 약점은 사람들과의 연결고리가 될 수 있다.
• 프랭클린 효과의 이점을 누리기 위해 조언을 구하자.

내가 이번 장에서 얻은 가장 큰 교훈은: _____

_____

_____

_____

_____

_____

_____

_____

_____

_____

_____

스스로를 보호하라

까다로운 사람을 상대하는 법

까다로운 사람을 대하는 법을 우리에게 가르쳐줄 적임자로 소치틀 곤잘레스^{Xochitl Gonzalez} 만한 사람이 없다. 그녀는 웨딩플래너. 새로운 사랑, 막대한 예산, 복잡한 가족관계 등이 엮인 덕에 웨딩플래너는 대인관계에 관해서는 가장 어려운 직업이다.

수천 건의 결혼식 이후 곤잘레스는 사람들의 유형에 대해 자신만의 기준을 세울 수 있었다. 그리고 그녀의 관찰 결과는 가히 환상적이다. 자존감이 낮은 신부 뒤엔 보통 제멋대로 휘두르는 헬리콥터 맘이 있다. 아빠가 적극적인 신부는 흔히 소심한 남편과 결혼한다. 아마도 신부의 인생에 이미 지배적인 남성이 있어서 그럴 것이다. 온순한 신랑은 십중팔구 약혼자나 엄마가 독단적이다. 둘 다 독단적일 경우, 그 결혼 준비는 매우 험난해진다.

하루는 그녀가 잊지 못할 이야기를 들려주었다. "피로연 음식에 집착하는 한 신부가 있었어요. 이 신부는 자기가 최종 선택한 호사스러운 초콜릿 상자가 원하는 대로 만들어지지 않았다고 극도로 화가 났어요." 신부는 음식 담당자에게 고함을 질러댔고, 이상할 정도로 상자 리본에 집착했다고 한다.

곤잘레스는 뭔가 다른 문제가 있다는 걸 눈치 챘다. 그녀는 결혼을 준비하면서 이 신부가 예비신랑의 아이들을 입양하고, 일을 그만두고 지방으로 내려가 전업주부로 살게 될 거라는 걸 알았다. "저는 초콜릿 맛은 그냥 핑계라는 걸 알았죠. 그래서 저는 신부에게 전화를 걸어서 정말 초콜릿이 문제냐고 물었어요."[1]

곤잘레스의 생각이 옳았다. 초콜릿은 그녀의 인생이 통제할 수 없이 흘러가고 있다는 불안감을 건드린 계기였을 뿐이었다. 다행히 곤잘레스는 그 짜증의 근원에 접근할 수 있었다. 그녀는 신부에게 예비신랑과 깊은 대화를 나눠보도록 격려했고, 상황이 걷잡을 수 없이 악화되는 걸 막았다.

곤잘레스는 2가지 원칙을 가지고 까다로운 사람들을 대한다. 우선, 좋은 사람이 까다로운 사람이 되는 걸 막는다. 두 번째로, 까다로운 사람이 막무가내인 사람이 되는 걸 막는다.

2가지 상황은 모두 1가지에서 기인한다. 바로 '공포'다. 신부가 드레스 때문에 짜증을 내든, 시어머니가 음식 담당자에게 화를 내든, 이는 드레스나 음식이 문제가 아닐 경우가 많다. 문제는 그저 다른 것에서 비롯된 공포다. 사람들을 기쁘게 해주지 못할 거라는 공포, 돈에 대한 공포, 심지어는 결혼 자체에 대한 공포 말이다. 우리가 겁에 질릴 때 우리의 마음속 가장 추악한 자아는 그 일그러진 머리를 내민다.

그저 공포에 질렸을 뿐이다

인간관계에서 공포는 좀 더 악화될 수 있다. 우리는 사람들 사이에 있을 때 다음과 같은 공포를 느낀다.

- 다른 사람이 나를 판단한다.
- 아무도 나를 좋아하지 않는다.
- 내가 좋아하는 사람이 하나도 없다.
- 거부당한다.
- 홀로 남겨진다.
- 비웃음을 당한다.
- 뭔가를 이야기했는데, 아무도 웃지 않는다.
- 비판받는다.
- 지루한 사람으로 인식된다.

- 통제 밖의 일이 벌어진다.
- 오해받는다.
- 잊힌다.
- 혼자 다르다.

이 가운데 가장 공감되는 공포는 어떤 것인가? 사람들과 관계를 맺을 때, 당신은 무엇을 가장 두려워하는가? 그게 바로 당신의 '그렘린Gremlin, 설명할 수 없는 문제나 실수의 이유가 된다고 여겨지는 상상 속의 말썽꾸러기 요정'이 된다.

그렘린은 사회생활을 할 때 불안에 떨게 하고, 어색하게 만들며, 주눅 들게 한다. 또한 그렘린은 대체적으로 눈에 안 보인다. "아, 전 기분이 좋지 않아요. 거부당할까 봐 겁이 나거든요."라든지 "전 비판받을까 두려워서 당신한테 소리 지르는 거예요."라고 말하지 않는다. 이 공포는 다양한 의상을 걸치길 좋아해서 우리를 다음과 같이 만들기도 한다.

- 남의 비위를 맞춘다.
- 대장 노릇을 한다.
- 방어적으로 변한다.
- 가십거리를 입에 달고 산다.
- 은둔형 인간이 된다.
- 못되게 군다.
- 어색한 행동을 한다.

- 지루한 사람이 된다.
- 나르시시즘에 빠진다.
- 모든 걸 부인한다.
- 궁색해진다.
- 칭찬에 목말라한다.
- 이기적으로 변한다.
- 호들갑스러워진다.

어떤 모습이 공포에 질린 당신의 모습에 가장 가까운가? 당신의 공포는 어떤 옷을 입고 있는가? 우리 모두에겐 일진이 사나운 날, 우리를 까다롭게 만드는 그렘린이 숨어 있다. 나의 가장 못된 그렘린은 소외되는 것, 사람들이 이상하다고 느끼는 것, 그리고 남다르게 행동하는 것이다. 내 그렘린들은 저마다 다른 이유를 달고 아무 때나, 아무 장소에서나 튀어나온다.

나는 내가 분위기에 찬물을 끼얹는 사람이 될 수 있다는 공포감을 안고 산다. 내 공포는 어색함이란 탈을 쓴다. 실패 장소에 있을 때 나는 입을 꾹 다물거나, 공격적이고 끔찍한 농담을 던지거나 끝없이 말을 한다. 진심으로 입을 다물어야 하는데, 사람들은 급기야 내가 이상한 사람이라고 생각한다. 그리고 나를 배제시켜버린다. 말도 안 되는 방식으로 우리의 두려움은 그렘린을 현실로 끌어들인다. 나는 그렘린들 때문에 우리가 예측 가능한 고난의 길로 접어든다고 생각한다. 이는 다음과 같이 분류될 수 있다.

유형	특징	행동	그렘린
우울증 ▶예: 영화 '인사이드 아웃'에서의 슬픔이	매우 부정적이고 언제나 불평을 늘어놓음. 극도로 비관적임.	기뻐할 수 없음.	거절당하는 공포. 따라서 모든 사람과 모든 일에 먼저 퇴짜를 놓음.
허세 ▶예: TV 드라마 '가십걸'에서 블레어 월더프	심하게 자랑을 늘어놓음. 자기가 다른 사람들보다 우월하다는 듯 행동함. 그리고 모든 걸 아는 척함. 허언증.	나르시시즘	잊히거나 저평가받는 공포. 따라서 끊임없이 스스로를 증명해야 한다고 느낌.
소심증 ▶예: TV 드라마 '더 오피스'에서의 토비 플렌더슨	과묵하고 절대 질문하지 않음. 방관자가 되거나 줏대 없는 사람이 되기 쉬움.	존재감 없음/방관자	비판받거나 평가받는 것에 대한 공포. 따라서 누구에게서도 흠 잡히지 않으려고 입을 다물거나 열심히 참여하지 않음.
독불장군 ▶예: TV 드라마 '슈츠'의 루이스 리트	가끔 울컥하거나 대장 노릇을 하거나 호들갑스럽거나 과하게 감정적임.	호들갑/과한 반응	통제 안 되는 상황에 대한 공포. 따라서 자신이 통제하려 함. 또한 잊힐까 두렵기 때문에 관심을 끌기 위한 행동을 함.

누구나 일진이 사나운 날에 이 중 하나에 빠질 수 있다. 솔직히 얘기해보자. 최악의 순간에 당신은 어느 쪽에 가까운지. 비밀을 들켰다고 해서 걱정하지 마시라! 누구나 마찬가지니까. 그리고 그건 당신 잘못이 아니다. 당신이 왜 그렇게 느끼는지 신경학적으로 설명할 수 있다.

어떻게 까다로운 사람이 되는가?

뉴욕대학교 심리학자이자 신경학자인 조셉 르두$^{Joseph\ LeDoux}$는 공포의 학습에 대해 연구한다. 구체적으로 말하자면 우리의 뇌가 외부 위협을 감지하고, 이에 반응하는 걸 배우는 방식에 관해서다.[2] 공포는 편도체에서 처리되고, 르두는 편도체의 공포 반응이 2가지 경로로 움직인다는 걸 발견했다. 시상부에서 편도체까지 이어지는 빠른 '하위경로'가 있다면 더 느린 '상위경로'도 있다. 시상부에서 시작되지만, 편도체에 도달하기 전에 신피질로 우회하는 것이다.[3]

하위경로는 빠르고, 자동적이며, 주된 공포 반응으로, 우리가 위협에 신속히 반응하게 한다. 이는 우리가 생존할 수 있도록 돕는다. 상위경로는 느리고 좀 더 논리적인 부차적 공포 반응으로, 우리가 위협을 바탕으로 사고하게 돕는다. 이는 우리가 번성할 수 있도록 돕는다.

운전하고 있는데 바로 앞에서 사고가 발생했다고 하자. 0.012초 이내로 우리의 하위경로는 즉시 작동하게 된다. 브레이크를 밟고, 맥박 수가 증가하며, 숨을 들이마신다. 그리고 더 넓은 시야를 확보하기 위해 눈이 커진다. 0.03초에서 0.04초 이후 상위경로가 개입한다. 이는 방금 당신이 본 광경을 처리한다. 119에 신고할까? 운전자를 도울까? 차를 길가에 세울까?

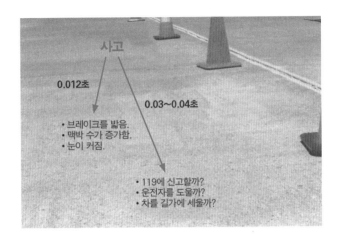

사고

0.012초

0.03~0.04초

• 브레이크를 밟음.
• 맥박 수가 증가함.
• 눈이 커짐.

• 119에 신고할까?
• 운전자를 도울까?
• 차를 길가에 세울까?

공포처리 시스템은 대부분 훌륭하게 작동한다. 문제는 하위경로와 상위경로가 미묘하게 다른 목표를 가졌다는 데 있다. 우리의 하위경로는 우리가 안전하고 보호받길 원한다. 우리의 상위경로는 우리가 번성할 수 있는 방향으로 알맞은 결정을 내리길 원한다. 우리가 인연을 맺고 번식하고 행복해지길 바란다.

이 둘의 목표는 때론 일치하는 때도 있고, 때론 일치하지 않는 때도 있다. 두 경로가 반드시 동일한 결론에 도달하는 건 아니다.[4] 예를 들어, 당신이 거절당할까 봐 두려워한다면 당신의 하위경로는 위협대처 모드를 작동시킨다. 어려운 인간관계에 놓였을 때 손바닥은 땀으로 축축해지고, 볼은 상기되며, 달아나고 싶어지는 것처럼 말이다. 이 하위경로 반응은 위트 있게 인연을 쌓거나 편안하게 대화하는 것을 불가능하게 만든다.

심리학자 대니얼 골먼Daniel Goleman은 이를 '감정적 압도emotional hijacking'

라고 부른다. 하위경로가 감정적으로 위협에 반응하고 있을 때는 상위경로와 연결될 수 없다. 즉, 상위경로를 통해 사교적으로 가장 이득을 볼 수 있는 방식으로 이성적인 결정을 내리거나 행동할 수 없게 되는 것이다.

골먼은 감정적 압도가 사회생활을 어렵게 만들고, 사람들을 까다로워지게 만든다고 보았다. 우리의 그렘린은 정신을 산란하게 만들 뿐 아니라 생존모드로 밀어 넣는다. 신경이 곤두서거나 입이 바짝 마르는 상황에서 지적인 대화를 나눠보려 시도해본 적 있는가? 어색하다고 느낄 때 웃기려고 노력해본 적 있는가? 그건 거의 불가능한 일이다. 원시적인 하위경로가 똑똑한 상위경로를 저하시키기 때문이다.

르두가 말했다. "감정적 시스템은 뇌의 자원을 모두 독차지하는 경향이 있어요. 감정이 생각을 지배하는 것은 생각이 감정을 지배하는 것보다 훨씬 쉽죠."[5]

과거가 현재의 나를 공포에 질리게 하는 방아쇠가 될 수도 있다. 예를 들어 당신은 중학교 졸업파티에서 홀딱 빠져 있던 첫사랑에게 함께 춤을 추자고 청했다. 그녀가 면전에서 큰 소리로 웃었다. 그녀의 친구들이 낄낄거리며 당신에게 손가락질하자 당신은 얼굴이 벌겋게 달아올랐다. 온몸에 땀이 흥건해지고 숨은 가빠진다(하위경로). 당신은 어쩔 줄 몰라서 그만 파티장에서 뛰쳐 나와 화장실에 숨었다. 그리고 댄스곡이 다 끝날 때까지 그곳에 있기로 결정했다(상위경로).

시간이 흘러 어른이 되고 나서 클럽에 갈 때마다 춤을 추자고 하는 당신에게 하위경로가 끼어든다. 하위경로는 그다지 잘 풀리지 않았던 과거를 떠올린다. 말을 걸어보기도 전에 땀을 흘리고, 얼굴이 달아오르며, 호흡이 가빠지는 것이다. 그리고 하위경로는 "뛰쳐 나가!", "화장실에 숨어!"라고 말한다. 오랜 세월이 흘렀음에도, 하위경로가 감정적으로 당신을 압도하는 것이다.

이는 당신이 실패 장소와 성공 장소를 알아둬야 하는 이유다(1장 참고). 하위경로의 생존모드가 작동하고 있을 때 대인관계 전략을 실행하기란 불가능하다. 따라서 하위경로가 잠잠한 상태에서 상위경로가 주도권을 가지고 있을 때, 당신의 멋진 자아가 등장하길 바란다. 까다로운 사람들은 이런 부분에 유난히 취약한 사람들이다.

나는 까다로운 사람이 나쁜 사람이라 생각하지 않는다. 그 사람들은 대부분 감정적으로 압도당하고 있을 뿐이라고 믿는다. 공포는 이 사람들을 지속적인 생존모드에 가둬놓는다. 그리고 그렘린은 이 사람들이 원하는 방향으로 인연을 맺거나 이성적으로 합의하지 못하게 만든다.

르두가 말했다. "많은 사람이 의식적으로 타협하기에 불가능한 공포를 가지고 있어요."[6] 즉, 우리의 감정은 이성을 완전히 무시해 버릴 수 있는 것이다. 따라서 우리는 까다로운 사람들이 공포를 극복하고 좀 더 사회적으로 영리해지도록 도울 수 있다. 어떻게?

넛 잡 시스템으로 공포를 잠재워라

어떤 사람은 나를 완전히 미치게 만든다. 누군가의 그렘린을 감당하기가 너무 어려워질 때 나는 바로 다음 기술에 들어간다. '넛 잡 Nut job, '미치광이'라는 뜻' 시스템은 미치광이를 막아주는 동시에 차분한 사람을 미치광이로 만들어준다.

이 강력하고 소소한 전략은 마크 고울스톤Mark Goulston 박사가 고안한 인질 석방 기술을 좀 더 단순하게 만들어낸 버전이라고 할 수 있다.[7] 그래, 까다로운 사람을 다루는 건 납치범과 협상하는 것이나 마찬가지다. 자, 이제 연습에 돌입해보자.

○

1단계: 감정적 언어에 귀 기울여라

그렘린은 상대가 나를 못 알아보거나, 받아주지 않을 때 발생한다. 따라서 상대에게 내가 알고 있다는 걸, 받아들인다는 걸 보여주면 그 사람은 공포를 다스릴 수 있게 된다. 이는 넛 잡의 첫 단계인 이름 붙이기를 통해 이뤄진다.

누군가 어떤 감정을 느끼는지 인식하면 당신은 그 불안감의 밸브를 열기만 하면 된다. 보통은 감정적인 상대에게 우리는 차분함을 지킴으로써 그들과 균형을 맞춰주려고 한다. 하지만 이것은 효과가 없다. 화난 상대를 더욱 분노하게 만들 뿐이다. 다음은 남녀 사이에서 벌어지는 흔한 말다툼이다.

	대사	기분
여성	"직장에서 승진 문제 때문에 정말 열 받아! 갓 입사한 여자가 승진하고 난 승진 못해서 너무 화가 났어. 이건 불공평해."	남성으로부터 이해받기를 원함.

전형적인 반응		
	대사	기분
남성	"그래, 하지만 업무평가가 3달 안에 또 있을 텐데 뭐. 아마 그때엔 승진할 수 있을 거야."	차분한 상태를 유지하려고 노력함.
여성	"3달이라고? 장난해? 나는 이 회사에 5년이나 다녔어. 더 어떻게 기다리라는 말이야? 이건 기본적으로 그 사람들이 나를 전혀 가치 있게 생각하지 않는다는 뜻이야."	상대방이 자신의 공포에 귀를 기울이지 않자 점점 화가 남.
남성	"말도 안 돼! 이건 그냥 우연일 뿐이야. 회사에서 그 여자를 고용한 건 당신하고는 전혀 상관없는 일일 거야."	제발, 제발, 제발 침착함을 잃지 마.
여성	"그 사람들이 나는 까마득히 잊고 있을 거란 뜻이야? 맞아, 그 사람들은 아마 그 자리에 나를 앉힐 생각조차 안 해봤을 거야. 그렇다면 회사 때려치워야지 뭐! 난 전혀 도움이 안 되니까!"	대놓고 화가 남. 말도 안 되는 결론으로 건너뜀.

이 대화는 순식간에 달아오른다. 남성은 여성을 도우려고 노력하지만 여성은 해결책을 바라는 게 아니었다. 그저 남성이 자기 얘기를 들어주길 바랐던 것이다. 이 남성은 여성이 사용하는 '감정의 언어'에 귀 기울였어야 했다. 내면의 공포를 담은 언어 말이다. 그리

고 동일한 감정의 언어를 대화로 바꿔서 여성의 걱정을 인정하고, 그녀가 더 마음을 털어놓도록 격려했어야 했다. 이렇게 말이다.

	대사	기분
여성	"직장에서 승진 문제 때문에 정말 열 받아! 갓 입사한 여자가 승진하고 난 승진 못해서 너무 화가 났어. 이건 불공평해."	남성으로부터 이해받기를 원함.

나의 반응		
	대사	기분
남성	"이런 식으로 하다니 믿을 수가 없어. 정말 말도 안 되게 **불공평해**. 당신은 충분히 **열 받을 만해**."	여성의 감정의 언어를 반복함.
여성	"나 정말 **속상해**. 나 회사에서 정말 열심히 일했잖아. 그리고 그 사람들이 나를 **무시하는 것 같아**. 난 그 사람들이 나를 자르거나 끝까지 승진 안 시켜줄까 봐 **무서워**."	남성이 내 말에 귀를 기울인다고 느낌. 더 깊은 속내를 털어놓음.
남성	"알아. 정말 **속상하지**. 그리고 회사에서 해고당할까 봐 **무서운데**, 최고의 실력을 발휘하거나 즐겁게 일하는 건 불가능한 일이잖아."	공포를 인정함.
여성	"맞아, 난 그냥 **이해**가 안 돼."	회사는 자신을 이해하지 못하지만 상대는 이해해준다고 느낌.
남성	"당신이 이 상황을 **이해**할 수 있게 회사에서 뭔가 설명을 해줬어?"	'2단계'로 넘어감.

이 대화에서는 남성이 단순히 상대방이 쓴 감정의 언어를 되짚으면서 여성의 공포 근저로 다가서려는 걸 주목하자. 이는 남성이 상황을 이해하고, 여성이 감정을 정리할 수 있게 도와준다. 일단 여성은 상대가 자신의 말에 귀를 기울이고 이해해준다고 느끼면 넛잡의 2단계인 '이해'로 넘어갈 수 있게 된다.

○

2단계: 기본가치를 이해하라

사람들은 상대가 자기 말에 귀를 기울인다는 느낌을 받으면 하위경로는 후퇴하고 상위경로가 개입한다. 이렇게 되면 좀 더 이성적이고 논리적이며 관계를 중시하는 사람이 된다. 2단계의 목표는 말 뒤에 숨은 감정을 풀어놓는 것이다. 여기서 상대가 추구하는 기본가치를 알게 된다. 앞서 언급한 예시로 돌아가보면, 여성의 기본가치가 무엇인지 힌트를 얻을 만한 부분이 드러난다. 여성의 기본가치가 무엇인지 살펴보자.

	대사	기분
여성	"맞아, 난 그냥 **이해**가 안 돼."	회사는 자신을 이해하지 못하지만 상대는 이해해준다고 느낌.
남성	"당신이 이 상황을 **이해**할 수 있게 회사에서 뭔가 설명을 해줬어?"	'2단계'로 넘어감.
여성	"아니, 오늘 회의에서 **아무런 사전경고도 없이** 그냥 발표해버렸어. 그리고 **사람들 앞에서** 그렇게 해버린 거지. 맹세하는데, 정말 그 방에 있던 사람들 반은 뒤돌아서 **나를 쳐다보는** 것 같았어. 왜냐하면 **내가 정말 가고 싶었던** 자리에 그 여자가 간 거거든."	그렘린이 공격을 가한 그 순간을 다시 떠올림.
남성	"회사에서 다음 주에 당신에게 **더 자세한 이야기를 해줄 것** 같아? 아니면 적어도 왜 그 여자가 승진했는지 **팀에 설명**을 해주거나?"	그렘린과 공포에 대해 이해하려고 노력함.
여성	"나는 지금 당장 승진이 하고 싶은 건 아니야. 나는 그저 **중심부에서 밀려난** 것처럼 느껴져. 만약 내가 승진검토 대상이었다는 걸 **알았다면** 괜찮았을 거야. 난 그냥 아무것도 모른다는 느낌이야."	근본적인 공포를 구별해냄.

여성의 대답을 바탕으로 본다면 여성의 기본가치는 '정보' 또는 '지위'인 것으로 보인다. 남성이 더 많은 질문을 던지고 '정보'를 향해 대화를 더 좁혀간다. 이게 핵심이다! 그녀는 지금 당장 승진하길 원한다. 하지만 승진할 자격이 있는지, 그리고 시기적 제한이 있는지를 알기 원하는 건 완전히 다른 문제다. 여기에서 넛 잡의 3단계로 넘어가게 된다.

○

3단계: 문제를 해결책으로 변신시켜라

사람들은 상위경로를 타게 되면 공포와는 멀어지고, 문제점을 대외적으로 해결하기 위해 노력한다. 이젠 문제를 해결책으로 변신시켜도 좋을 때다. 일단 그 사람이 한풀 꺾인 한숨을 내쉬고 보통의 목소리로 말하기 시작했다면, 그리고 평소의 모습과 비슷해 보인다면 다음 단계로 나아갈 차례다.

3단계에서는 2가지 선택권이 주어진다. '스피드 리딩'을 하거나 상대방이 쓰는 '인정의 언어'를 사용하거나. 당신이 답을 내주거나 '문제해결'을 해줄 수 있다면 금상첨화고! 이 단계에서 당신은 다음과 같은 질문에 답해야 한다. "이 사람이 필요한 건 무엇인가?" 앞선 예시로 돌아가서 이번 단계를 어떻게 실행해야 할지 살펴보자.

	대사	기분
여성	"나는 지금 당장 승진이 하고 싶은 건 아니야. 나는 그저 **중심부에서 밀려난** 것처럼 느껴져. 만약 내가 승진검토 대상이었다는 걸 **알았다면** 괜찮았을 거야. 난 그냥 아무것도 모른다는 느낌이야."	근본적인 공포를 구별해냄.
남성	"다음 주 초에 모든 걸 **확인할** 회의를 하자고 상사에게 이메일을 보내는 건 어때?"	'3단계'로 넘어감.
여성	"아마도 다음 4분기 목표를 함께 **검토**해보자고 요청할 수 있을 거 같아."	자신의 기본가치를 실행할 방법에 대해 생각해봄.
남성	"그래, 그리고 지금 당신이 진행하고 있는 업무들에 대한 **정보를 준비**할 수도 있을 거야. 그러면 그분 입장에서 당신 업무 전반에 대해 **좀 더 이해**하기 쉬워질 거야."	상대방이 기본가치를 충족시킬 수 있도록 도움.
여성	"좋은 생각이네."	문제가 해결될 수 있겠다고 느낌.
남성	"그렇지! 이봐, 일 풀리는 게 쉽지 않아서 나도 안타까워. 나는 당신의 진가를 모르다니 회사가 바보 같다고 생각해. 이번 주말에 당신 기분이 풀릴 수 있게 좋은 시간을 갖자."	성공이다! 여성을 진정시키고, 다음 단계에 대해 생각해볼 수 있게 됐다.

남성은 어려운 상황과 감정에 처한 여성이 진정하도록 만들었을 뿐 아니라, 그녀의 지지자가 되어주었다. 누군가를 어려움에서 구하기 위해 내면의 공포에 귀를 기울이고, 이해하고, 변신시킬 때 당신은 그 사람의 동맹이 될 수 있다.

넛 잡 시스템은 사람을 바꾸려는 게 아니다. 바꾸려는 시도는 이미 안 좋은 상황을 더욱 악화시킬 뿐이다. 중요한 건 상대를 존중하고 문제에 대한 더 깊은 통찰력을 보이는 것이다. 감정은 논쟁의 대상이 되어선 안 된다. 인정의 대상이 되어야 한다.

까다로운 사람들은 존중받을 때 덜 냉정해지고 화를 누그러뜨리며 공포심을 덜 것이다. 그러나 아무리 최선의 공감 전략을 쓴다 하더라도 이에 응하지 않는 까다로운 사람을 만날 수 있다. 이 사람들은 그 공포감이 너무나 뿌리 깊어서 이를 받아들일 수 없는 것이다. 나는 이러한 사람들을 '독^毒'과 같다고 본다.

관계를 망치지 않고 거절하는 법

독이 되는 사람들은 우리의 영역을 침범해 내 안의 그렘린을 깨운다. 번성의 상황을 생존의 상황으로 바꿔놓는 이들에게는 에너지를 쏟을 가치가 없다. 그러나 우리는 "아니오."라고 말하는 데 대한 두려움을 지닌다. 습관적으로, 아니면 선을 긋기 두려워서 "네."라고 대답한다.

나는 내가 좋아하는 사람과 내 뜻대로 상호작용할 권리가 있다. 잘못된 인간관계에 "아니오."라고 말할 줄 알아야 알맞은 인간관계에 "네."라고 말할 여유가 생긴다. 다음은 거절하는 방법들이다.

- 1단계: 인정할 것은 인정한다.
  거절한다는 건 고마움을 표해선 안 된다는 의미가 아니다. 인정할 것은 인정해야 공격적인 느낌 없이 선을 긋고 "아니오."라고 말할 수 있다.

▶ "물어봐줘서 고마워요.", "그런 제안을 해주다니 정 말 멋져요.", "정말 좋은 생각이에요."

- 2단계: 애매하게 얼버무리지 않는다.
변죽을 두드리지 말자. 당신이 망설이거나 불안해하 고 있을 때, 독이 되는 사람들은 그 약점을 감지하고 당신의 마음을 바꿔놓으려 할 것이다. 분명하고 간결 하게 말하자.
▶ "정말 죄송하지만 갈 수 없어요.", "함께 모임을 할 수 없어요.", "저는 갈 수가 없어요."

- 3단계: 변명하지 말자.
이 단계가 가장 중요하다. 방어적일 필요도, 논쟁하거 나 당신의 감정을 설명할 필요도 없다. 즉, 당신은 이 유를 제시할 필요가 없다. 사실, 당신이 설명하려 들 때 그 설명이 타당하다 할지라도 마치 변명처럼 들린 다. 이유를 설명하는 건 독이 되는 사람들이 당신과 논 쟁을 벌일 여지를 주게 된다.
사람 대 사람으로 거절하는 게 어렵다면, 그 초대에 대 해 한번 생각해보겠다고 대답하면 된다. 스케줄을 보고 며칠 내로 연락하겠다고 말해보자. 또한 이메일이나 문 자로 연락함으로써 거절의 표현을 정제할 수도 있다.

- 추가 단계(선택적): 가고 싶지 않은 초대를 받았을 때 이를 역
초대로 바꿀 수 있다.
  ▶ "나는 저녁시간엔 좀 힘들어. 하지만 대신 커피 한
  잔 하자.", "만나는 건 어려울 것 같아. 하지만 전화
  통화를 하자.", "미안해, 저녁 파티에는 참석할 수 없
  어. 내일 브런치 먹으러 가도 될까?"

거절하는 게 어려운 일이란 걸 안다. 하지만 이는 당신을 성장하
게 해준다. 소치틀 곤잘레스는 거절하는 법을 배우는 것이 직업적
인 발전 과정에서 가장 어려운 부분이었다고 한다. 그녀가 말했다.
"저는 다른 사람들의 칭찬이나 요구에 매달리지 않아요. 저만의 기
준으로 좋은지 아닌지를 판단해요. 그리고 제 원칙을 지키죠. 누군
가 그걸 참을 수 없다면 저는 그 사람과 일하지 않아요."[8] 내 삶에
어떤 사람들이 등장하는지는 나에게 달렸다. 현명하게 선택하자.

5 MINUTES BOX

1 ⎯ 삶에서 가장 중요한 5명을 떠올려보자. 이들의 그렘린은 무엇인가?
2 ⎯ 나의 그렘린은 어떤 탈을 쓰고 있는가?
3 ⎯ 인간관계에서 독이 되는 사람이 있는가?

복습

누구나 인간관계에서 공포를 느낀다. 누군가의 공포를 이해하려 고심할 때, 문제점을 해결책으로 변신시킬 수 있다. 이러한 접근법을 통해 가장 까다로운 사람들과도 친구가 될 수 있다.

- 나의 공포가 어떤 탈을 쓰고 있는지 안다.
- 공포에 이름을 붙이고, 그 감정을 이해하고, 이를 변신시킨다.
- 독이 되는 사람들에겐 그저 "아니오."라고 말한다.

내가 이번 장에서 얻은 가장 큰 교훈은: _____

_____

_____

_____

_____

_____

_____

_____

_____

인연을 맺는다는 것
사람들이 당신에게 푹 빠지게 하라!

저 사람은 왜 인기가 많을까? 컬럼비아대학교 연구팀은 인기가 신체적 매력이나 운동능력, 지성, 유머가 아닌 특정한 두뇌패턴과 상관관계가 있다는 것을 밝혀냈다. 특히나 인기 있는 사람들은 다른 사람들이 지닌 인기에 적절하게 맞춰주는 경향이 있었다.

노암 제루버블Noam Zerubavel과 연구팀은 두 학생집단에서 선발된 실험참가자들끼리 서로 인기 점수를 매겨보라고 요청했다. 그리고 각 실험참가자들에게 뇌 스캐너를 씌운 후, 방금 점수를 매긴 사람들의 사진을 잠깐씩 비춰줬다. 연구 결과 모든 실험참가자는 그 그룹에서 인기 있는 사람들의 얼굴을 보았을 때, 뇌의 보상중추가 더욱 활발한 활동을 하는 것으로 드러났다. 즉, 인기 있는 사람들은 말 그대로 우리를 기분 좋게 해주는 것이다. 우리가 TV에 나오는 연예인에 열광하는 이유이기도 하다.

그러나 이 연구에서 가장 흥미로운 부분은 바로 이것이다. 인기 있는 학생들의 두뇌활동은 확연히 달랐다. 가장 인기가 많은 실험 참가자는 인기 있는 다른 학생들의 사진을 볼 때 신경반응이 가장 크게 나타났다. 특히나 '사회인지Social Cognition' 영역이 그러했다. 다시 말해, 인기가 많은 사람들은 사회적 신호, 사회적 위계, 그리고 인간관계에 잘 맞춰주며, 이러한 신호에 더 높은 가치를 둔다는 의미다.

또한 인기 있는 학생들은 스스로의 사회적 지위를 더 많이 의식하며 다른 사람들이 자기를 얼마나 좋아하는지 정확히 추측하는 것으로 나타났다. 인기 많은 사람들은 자기 주변 사람들이 무엇을 생각하고 느끼는지 이해하려고 노력하는 걸 즐기기 때문에 인기가 많다는 결론을 내렸다. 그리고 이를 강화된 '사회적 조율social attunement'이라고 불렀다.[1]

사람들의 마음을 뺏는다는 건 이런 것이다. 자랑, 성취, 업적 등을 이야기하는 것으로 다른 사람들에게 감명을 줄 수 없다. 상대의 보상시스템에 정신적 주파수를 맞춤으로써 깊은 인상을 심어줄 수 있다. 그리고 좋은 소식은, 누구든 사회적으로 상대방에게 더 잘 맞춰주는 방법을 배울 수 있다는 점이다.

원하고 좋아하고,
안다는 느낌을 주어라

누구나 나를 알아주길 절실히 바란다. 사람들이 나를 이해해주는 것처럼, 내 편이 되어줄 것처럼, 어떤 무리가 나를 끌어들이려 하는 것처럼 느끼길 바란다. 사람들이 이런 식으로 느끼도록 만드는 걸 '사회적 조율'이라고 부른다. 그리고 이는 우리가 배워야 할 마지막 전략이다. 당신이 진심으로 깊은 관계를 맺고 싶은 사람에게만 사용해보자.

○

기술 1: '진심'으로 좋아하라

스탠퍼드대학교의 반 슬론Van Sloan 박사 연구팀은 북 캘리포니아 전 지역의 고등학생 2,437명이 지닌 대인관계 기술에 대해 조사했다.[2] 그는 "여학생들이 하루에 미소를 짓는 빈도가 신체적 매력도보다 인기도에 미치는 영향이 2배 정도 높은 것으로 나타났다."고 썼다.[3] 사회심리학에서는 이를 '호혜 효과'라고 부른다.[4]

나는 나를 좋아하는 사람을 좋아한다. 또한 내가 받는 일종의 호의를 되돌려줘야 한다고 느낀다. 따라서 누군가 나에게 미소를 지으면 우리도 함께 미소 짓는 것이다. 누군가가 나에게 약점을 털어 놓으면 나도 약점을 함께 털어놔야 한다고 느낀다. 이 책에서 다룬 14가지 전략은 모두 호혜 효과를 포함하고 있다.

인기 있는 사람이 되고 싶다고? 핵심은 바로, 더 많은 사람을 좋아하는 것이다. 당신이 누군가와 함께하는 것이 즐거울 때, 의식적으로 호혜 효과를 일으켜보자.

- "전화 줘서 정말 고마워!"라는 말로 통화를 시작해보자.
- "이메일 보내주셔서 기뻐요!"라는 말로 이메일을 시작해보자.
- "같이 시간을 보낼 수 있어서 즐거웠어!"라는 말로 상호작용을 시작해보자.
- 파티나 회의에서 당신에게 함께 앉자고 한 사람들에게 점심식사를 권하자.
- 누군가 당신의 모임이나 회의에 합류하거나 한 테이블에 같이 앉게 되면 그 사람들이 환영받는다는 느낌을 받도록 해주자.
- 모임, 회의, 식사에서 사람들이 자리를 뜰 때 시간 내줘서 고맙다는 이야기를 하자.

○

기술 2: 상대방이 소속감을 느끼게 하라

오프라 G. 윈프리Oprah G. Winfrey는 토크쇼 진행자로서 수년 동안 수

천 명의 사람들과 인터뷰를 해왔다. 이 경험을 통해 오프라 윈프리는 무엇을 배웠을까? 그녀는 말했다.

> 우리 모두에겐 공통적인 욕망이 하나 있어요. 소중히 다뤄진다고 느끼고 싶은 것이죠. 캔자스에 사는 엄마든, 필라델피아에 사는 커리어우먼이든 우리는 모두 사랑받고 싶고, 누군가가 나를 필요로 했으면 좋겠고, 이해받고 싶고, 인정받고 싶다고, 마음속 깊이 생각해요. 친밀한 관계를 맺음으로써 좀 더 나 자신이 살아 있다는 느낌을 받고 싶은 거예요.[5]

우리가 누군가에게 줄 수 있는 가장 큰 선물은 그 사람에게 자신의 모습 그대로 인정받는다는 느낌을 주는 것이다. 소속감은 왜 그토록 중요할까? 에이브러햄 H. 매슬로우Abraham H. Maslow의 고전적인 욕구위계론을 언급하지 않고선 인간에 대해 이야기할 수 없다. 매슬로우는 모든 인간에게는 5가지 기본욕구가 있으며, 인간이 성장하기 위해서는 이 욕구들이 충족되어야 한다는 이론을 세웠다.[6] 그 5가지 기본욕구는 다음과 같다.

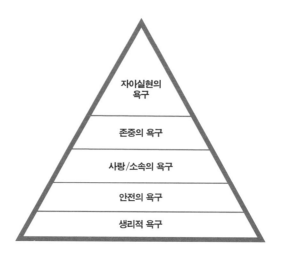

기본적인 음식과 주거에 대한 필요성(생리적, 안전의 욕구)이 채워진 후에 우리의 욕구는 '인간관계가 얼마나 풍요로운지'에 따라 달라진다. 우리가 진심으로 좋아하는 사람이 상위 3대 욕구가 충족될 수 있도록 도움으로써 상대방과 원만하게 지낼 수 있다.

- 사랑/소속
- 당신이 한 팀이라는 걸 보여줄 수 있는 공통점을 찾아서 강조한다(5장 참고).
- 성격적 특성을 알고 상대방의 상호작용 방식을 존중한다(7장 참고).
- 상대방이 쓰는 인정의 언어를 파악하고 사용한다(8장 참고).

- 존중
  - 상대방은 어떤 사람인지, 무엇에 열광하는지 묻는 의미 있는 대화 스파크를 사용한다(3장 참고).
  - 그 사람에 대해 많이 기대하고, 최고의 모습을 찾아낸다(4장 참고).
  - 진짜 감정이 무엇인지 파악하고, 정직한 반응을 보여주도록 응원한다(6장 참고).
  - 내 약점을 보여주고 상대방도 자신의 공포와 걱정거리들을 솔직히 털어놓을 수 있도록 격려한다(12장 참고).

- 자아실현
  - 상대방의 기본가치를 찾아내고, 그 사람이 자신의 기본가치를 깨달을 수 있도록 도와준다(9장 참고).
  - 스스로 아이디어를 짜고 행동하도록 재량권을 허락하고, 이유 있는 목표를 부여한다(11장 참고).
  - 상대방이 보여주는 까다로운 행동의 원인이 무엇인지 찾아내고, 그 사람을 재단하는 대신 문제를 해결할 수 있도록 돕는다(13장 참고).

우리의 대인관계 기술이 발전할수록 우리가 중요하게 생각하는 사람들이 기본적인 욕구를 충족하도록 도울 수 있게 된다.

호기심을 불러일으켜라

고통스러운 사회생활을 경험해봤을 것이다. 아마 학교에서 괴롭힘을 당했을지도 모른다. 어쩌면 오늘도 동료들로부터 따돌림당한다는 느낌을 받았을 수도 있다.

UCLA 연구팀은 신체적인 고통과 사회적 거절이 동일한 뇌 영역을 활성화시킨다는 걸 발견했다.[7] 즉, 거절당하는 건 신체적으로 고통받는 것과 똑같이 느껴지는 것이다. 따라서 우리는 사회적 거절의 고통으로부터 스스로를 어떻게 보호할 수 있을까? 나는 호기심이 만병통치약이자 훌륭한 인간관계로 가는 기술이 되어준다고 믿는다.

- 함께하는 사람들에 대해 궁금해할 때, 대화 스파크를 생각해내기가 더 쉬워진다.
- 누군가의 동기에 대해 호기심을 가질 때, 그의 매트릭스를 파악하기가 더 쉬워진다.
- 당신의 인간관계에 대해 호기심을 가질 때, 당신은 앞으로 더 나아질 수 있는 당신만의 패턴을 발견할 수 있다.

호기심을 갖기 위해 내가 즐겨 쓰는 방법은 나만의 간단한 사회적 실험을 기획해보는 것이다. 이 책을 읽은 후 스스로에게 "이 전략이 나에게 효과가 있을까?", "이걸 써볼 만큼 내가 용감한가?"라는 질문을 던져보길 바란다. 그리고 이 생각을 "어떻게 하면 이 전략을 나에게 효과적으로 쓸 수 있을까?"라는 궁극적인 질문으로 바꿔보자.

호기심 전략은 마지막 장의 마지막 단계다. 호기심은 모든 인간의 행동 전략을 끌어가는 동력이기 때문이다. 내가 어떻게 사람들과 교류하고 싶은지를 책임지는 건 바로 나 자신이다. 우리에겐 충분히 상대방을 사로잡을 수 있는 힘이 있다. 관계를 레벨 업할 수 있는 사람은 오직 나 자신뿐이다. 그러니 한번 해보자!

이 책을 다 읽고 난 뒤에 직접 경험해보기 바란다. 그리고 맨 앞으로 돌아가 PQ 지수 테스트를 다시 해보자. 이 책에서 배운 정보들을 잘 유지하고 있는지 확인하기 위해 해마다 이 테스트를 활용해도 좋다. 책 속 인간관계 기술이 내 인생을 완전히 바꿔놓았듯이, 앞으로 당신의 인생도 바꿀 수 있는 새로운 출발점이 되길 바란다.

5 MINUTES ── BOX

────────────────────────────────── 도전과제

1 ── 가장 마음에 드는 전략 3가지를 고르고, 이번 주에 시도해보자.
2 ── 누군가에게 그 사람과 함께하는 시간이 너무 즐겁다고 말해보자.
3 ── 당신의 윙어와 함께 인간관계 기술을 써볼 기회를 만들어보자.

── 복습

사람들에게 감동을 주려 하지 말고 관심을 가져라. 당신이 상대방에게 흥미가 있다는 걸 보여줌으로써 사람들의 흥미를 끌어라. 조율이란 사람들이 당신과 함께 있을 때 편안한 본래의 모습을 보여주도록 만드는 것이다. 그리고 우리가 진심으로 좋아하는 사람이 늘어날수록 우리를 진심으로 좋아하는 사람이 늘어나게 된다.

- 사람들에게 당신이 그 사람들과 있는 게 즐겁다는 걸 보여줌으로써 호혜 효과를 발생시켜보자.
- 사람들이 소속감을 느끼도록 도와주자.
- 호기심이 인연을 이끌어가도록 하자.

내가 이번 장에서 얻은 가장 큰 교훈은: _____

_____

_____

_____

_____

_____

_____

아, 내 남편은 언제나 내 첫 실험대상자이자 내가 모든 걸 설명하는 마지막 사람이다. 내 남편에게 가장 처음으로, 그리고 가장 진하게 감사인사를 전하고 싶다. "우리 집 곳곳에서 비밀실험을 해볼 수 있게 해줘서 고마워. 그리고 늘 응원해줘서 힘이 나."

내 훌륭한 에이전트 데이비드 퓨게이트에게 감사드린다. 덕분에 이 환상적이고 정신없는 작업을 시작할 수 있었다. 또한 포트폴리오출판사에도 큰 고마움을 표한다! 특히나 우리 지칠 줄 모르는 에디터, 니키 파파도포울로스는 이 책을 내놓기 위한 모든 과정을 나와 함께해주었고, 내가 이 책이 지닌 잠재성을 깨달을 수 있도록 도와주었다. 니키와 리아 트로보스트가 이 책을 만드는 동반자가 되어준 점 역시 나에겐 진심으로 행운이었다.

또한 사진작가이자 영상작가, 그리고 친구인 매기 커클랜드에게 감사드린다. 이 책에 쓰인 수많은 사진을 위해 창조적인 천재성을 발휘해줬다. 이 책에 쓰인 내 사진도 그녀의 작품이다. 책에 등장한 멋진 모델들과 연기자들에게도 감사드린다.

또한 크리에이티브라이브팀에게도 감사의 마음을 전하고 싶다. 이분들은 내 강의를 풍성하게 만들어주었고, 내가 만든 커리큘럼이 현실화되고 내가 강의자로서 성장할 수 있도록 도와줬다. 또한 크리스 길아보, 조던 하빈저, 태미 에르난데스, 헬렌 랩티스에게는 특히나 큰 소리로 감사하다고 외치고 싶다. 배려해주신 덕분에 나는 이 분들 강의에 함께 참여해 청중들과 교감을 나눌 수 있었다.

이 책을 위해 인터뷰에 응해준 모든 멋진 분들에게 감사드린다. 내가 책임감을 잃지 않게 도와주고, 원고를 읽어주고, 세상을 정복할 만한 훌륭한 아이디어를 준 내 배후의 인물들에게도 감사드린다. 내가 기존 연구들을 이해할 수 있게 도와준 분들과 내가 온라인 강좌를 시작할 수 있도록 첫 온라인 플랫폼을 제공해준 분들에게도 감사드린다.

무엇보다도 사이언스오브피플팀에게 큰 신세를 졌다. 우선 대니얼 베이커는 이 책 한 자 한 자를 모두 확인해줬다. 가장 뛰어난 지원군이었으며, 말 그대로 최고의 친구이자 동료가 되어주었다. "당신은 정말 훌륭한 사람이에요. 당신이 저를 도와준 만큼 제가 도움을 줄 수 있는 날이 빨리 왔으면 좋겠어요." 또한 사이언스오브피플의 인턴들과 전 세계 사이언스오브피플 보디랭귀지 트레이너들에게 감사한다. 덕분에 우리의 이야기가 전 세계 청중들에게 전달될 수 있었고, 우리의 작업이 한 단계 더 발전할 수 있었다. 이들 없이는 이 일을 할 수 없었을 것이다.

내 친구들에게도 고마움을 표한다. 내가 책을 쓰는 동안 내 짜증을 다 받아주고, 또 기꺼이 실험대상이 되어주었다. 늘 어색하게 굴었던 내 어린 시절에 나를 이해해주고, 말보로학교와 에모리대학교에서 최고의 교육을 받을 수 있도록 해준 가족들에게 감사드린다. 내가 이 책을 쓸 수 있었던 건 지금껏 학교에서 배운 작문수업과 심리학수업, 그리고 과학수업 덕분이었다!

마지막으로 독자들에게 고마움을 전해야 할 것 같다. "새로운 대화 스파크를 여러분에게 시험해볼 수 있게 해주셔서 감사합니다. 트위터와 웹사이트에서 이상한 설문조사에 흔쾌히 응해주셔서 감사합니다. 여러분들의 용기와 격려가 아니었다면, 이 책을 절대 쓸 수 없었을 거예요!"

chapter 1. 게임을 지배하는 자: 내게 유리한 판을 짜는 법

1. David G. McCullough, Truman(New York: Simon & Schuster, 1992).
   The Autobiography of Harry S. Truman, ed. Robert H. Ferrell(Boulder, CO:
   Colorado Associated University Press, 1980).
   Memoirs by Harry S. Truman(New York: Konecky & Konecky, 1955), 68.
   Kenneth T. Walsh, Celebrity in Chief: A History of the Presidents and the Culture
   of Stardom(New York: Routledge, 2015).
2. Andrew Powell-Morse, "A Historical Profile of the NBA Player: 1947-2015.", 데
   이터 시각화 출처는 블로그 SeatSmart, March 4, 2015, https://seatsmart.com/blog/
   history-of-the-nba-player/.
3. Powell-Morse, "A Historical Profile of the NBA Players: 1947-2015."
4. 사이언스오프피플 설문조사는 모두 전자설문으로 이뤄졌다. 참가자들은 모두
   ScienceofPeople.com을 통해 설문조사에 응하기로 동의했다. 덕분에 우리는 다양한 배
   경과 인종, 종교를 가진 전 세계 사람들로 이뤄진 표본을 얻을 수 있었다. 이런 식으로 우
   리는 놀라울 정도로 다양한 데이터를 얻었다.
5. Barbara Wild, Michael Erb, and Marthias Bartels, "Are Emotions Contagious?
   Evoked Emotions While Viewing Emotionally Expressive Faces: Quality,
   Quantity, Time Course and Gender Differences," Psychiatry Research 102,
   no,2(June 1, 2001): 109-24, doi:10.1016/s0165-1781(01)00225-6.
6. 과학자들은 우리에게 행복한 친구가 1명 있으면 그 덕에 더 행복해질 가능성이 34%
   높아진다는 걸 발견했다. J.H.Fowler and N.A.Christakis, "Dynamic Spread of
   Happiness in a Large Social Network: Longitudinal Analysis over 20 years
   in the Framingham Heart Study." British Medical Journal337(December 5,
   2008):doi:10.1136/bmj.a2338.
7. Veikko Surakka and Jari K. Hietanen, "Facial and Emotional Reactions to
   Duchenne and Non-Duchenne Smiles," International Journal of Psychophysiology

29, no.1(June 29, 1998):23-33, doi:10.1016s0167-8760(97)00088-3.

8. Barbara Wild, Michael Erb, Michael Eyb, Mathias Barkels, and Wolfgang Grodd, "Why Are Smiles Contagious? An FMRI Study of the Interaction Between Perception of Facial Affect and Facial Movements," Psychiatry Research: Neuroimaging 123, no.1(May 1, 2003):17-36, doi:10.1016/s0925-4927(03)00006-4.

chapter 2. 마음을 흔들어라: 치명적인 '첫인상' 만들기

1. James R. Oestreich, "Have Baton, Will Travel," New York Times, April 24, 2005, http://www.nytimes.com/2005/04/24/arts/music/have-baton-will-travel.html?_r=1.

2. Arild Remmereit, 저자와의 전화인터뷰, April 12, 2016.

3. Oestreich, "Have Baton, Will Travel."

4. Bill George with Peter Sims, True North: Discover Your Authentic Leadership(San Francisco, CA: John Wiley & Sons, Inc., 2007), (나침반 리더십, 빌 조지, 피터 심스, 김중근 옮김, 청림출판, 2007).

5. Nalini Ambady and Robert Rosenthal, "Thin Slices of Expressive Behavior as Predictors of Interpersonal Consequences: A Meta-Analysis," Psychological Bulletin 111, no. 2(March 1992): 256-74, doi:10.1037/0033-2909.111.2.256.

6. Nalini Ambady and Robert Rosenthal, "Half a Minute: Predicting Teacher Evaluations from Thin Slices of Nonverbal Behavior and Physical Attractiveness," Journal of Personality and Social Psychology 67, no. 3(1993): 431-44.

7. Robert Gifford, Cheuk Fan Ng, and Margaret Wilkinson, "Nonverbal Cues in the Employment Interview: Links Between Applicant Qualities and Interviewer Judgments," Journal of Applied Psychology 70, no. 4(November 1985): 729-36, doi:10.1037/0021-9010.70.4.729.

8. Bill McEvily and Akbar Zaheer, "Does Trust Still Matter? Research on the Role of Trust in Inter-Organizational Exchange," Organization Science 9, no. 2(February 1998), doi:10.1287/orsc.9.2.141.

9. Jessica L. Tracy and David Matsumoto, "The Spontaneous Expression of Pride and Shame: Evidence for Biologically Innate Nonverbal Displays," Proceedings of the National Academy of Sciences 105, no. 33(August 19, 2008): 11655-660,

doi:10.1073/pnas.0802686105.

10. Michael Argyle and Janet Dean, "Eye-Contact, Distance and Affiliation," Sociometry 28, no. 3(September 1965): 289–304, doi:10.2307/2786027.

11. Brene Brown, Daring Greatly: How the Courage to Be Vulnerable Transforms the Way We Live, Love, Parent, and Lead(New York: Gotham Books, 2012), (완벽을 강요하는 틀에 대담하게 맞서기, 브레네 브라운, 최완규 옮김, 명진출판, 2013).

chapter 3. 스파크를 일으켜라: 마음을 빼앗는 대화법

1. Philip Seeman, "Chapter 1: Historical Overview: Introduction to the Dopamine Receptors," in The Dopamine Receptors, ed. Kim A. Neve and Rachel Neve(New York: Springer, 1997), 1–22.

2. John Medina, Brain Rules: 12 Principles for Surviving and Thriving at Work, Home, and School(Seattle: Pear Press, 2008), (브레인 룰스, 존 메디나, 서영조 옮김, 프런티어, 2017).

3. Nico Bunzeck and Emrah Düzel, "Absolute Coding of Stimulus Novelty in the Human Substantia Nigra/VTA," Neuron 51, no. 3(August 3, 2006): 369–79, doi:10.1016/j.neuron.2006.06.021.

4. Brian Knutson and Jeffrey C. Cooper, preview "The Lure of the Unknown," Neuron 51, no. 3(August 3, 2006): 280–82, doi:10.1016/j.neuron.2006.07.017.

5. "Novelty Aids Learning," University College London News, August 2, 2006, http://www.ucl.ac.uk/news/news-articles/news-releases-archive/newlearning.

6. Christian Rudder, "Exactly What to Say in a First Message," OkTrends(blog), September 14, 2009, http://blog.okcupid.com/index.php/online-dating-advice-exactly-what-to-say-in-a-first-message/.
Christian Rudder, "6 Data-Driven Dating Facts from OkCupid CEO Sam Yagan," BigThink, http://bigthink.com/the-voice-of-big-think/6-data-driven-dating-facts-from-okcupid-ceo-sam-yagan.

7. Michael D. Santos, Craig Leve, and Anthony R. Pratkanis, "Hey Buddy, Can You Spare Seventeen Cents? Mindful Persuasion and the Pique Technique," Journal of Applied Social Psychology 24, no. 9(May 1994): 755–64, doi:10.1111/j.1559-

1816.1994.tb00610.x.

8. Dennis P. Carmody and Michael Lewis, "Brain Activation When Hearing One's Own and Others' Names," Brain Research 1116, no. 1(September 7, 2006): 153 – 58, doi:10.1016/j.brainres.2006.07.121.

9. Gary Small, The Memory Bible: An Innovative Strategy for Keeping Your Brain Young(New York: Hyperion, 2002), (뇌가 살아야 내 몸이 산다, 개리 스몰, 이미정 옮김, 이상미디어, 2011).

chapter 4. 형광펜을 그어라: 가장 기억에 남는 사람이 되는 법

1. Diana I. Tamir and Jason P. Mitchell, "Disclosing Information About the Self Is Intrinsically Rewarding," Proceedings of the National Academy of Sciences 109, no. 21(May 22, 2012):8038 – 43, doi:10.1073/pnas.1202129109.

2. Dale Carnegie, How to Win Friends and Influence People(New York: Simon & Schuster, 1981), (데일 카네기 인간관계론, 데일 카네기, 김지현 옮김, 미래지식, 2015).

3. "Alfred P. Sloan Jr. Dead at 90; G.M. Leader and Philanthropist," On This Day, New York Times Learning Network, February 18, 1966, http://www.nytimes.com/learning/general/onthisday/bday/0523.html.
Alfred P. Sloan, My Years with General Motors(Garden City, NY: Doubleday, 1964).
Alfred P. Sloan and Boyden Sparkes, Adventures of a White-Collar Man(New York: Doubleday, Doran, 1941).

4. Peter F. Drucker, "What Makes an Effective Executive," Harvard Business Review, June 2004, https://hbr.org/2004/06/what-makes-an-effective-executive, (피터 드러커의 자기경영노트, 피터 드러커, 이재규 옮김, 한국경제신문사, 2003).

5. Emily McDowell, 저자와의 이메일인터뷰, April 19, 2016.

6. Geoffrey Miles. Classical Mythology in English Literature: A Critical Anthology(London: Routledge, 1999), 326.

7. Christopher J. Bryan, Gregory M. Walton, Todd Rogers, and Carol S. Dweck, "Motivating Voter Turnout by Invoking the Self," Proceedings of the National Academy of Sciences 108, no. 31(2011):12653-2656.

8. Jen Shang and Rachel Croson, "A Field Experiment in Charitable Contribution: The Impact of Social Information on the Voluntary Provision of Public Goods," The Economic Journal 119, no. 540(October 2009):1422 – 439, doi:10.1111/j.1468-0297.2009.02267.x.

9. Alia J. Crum and Ellen J. Langer, "Mind-Set Matters: Exercise and the Placebo Effect," Psychological Science 18, no. 2(2007):165 – 71. doi:10.1111/j.1467-9280.2007.01867.x.

10. Robert Rosenthal and Lenore Jacobson, Pygmalion in the Classroom: Teacher Expectation and Pupils' Intellectual Development(New York: Holt, Rinehart and Winston, 1968), (피그말리온 효과, 로버트 로젠탈, 레노어 제이콥슨, 심재관 옮김, 이끌리오, 2003).

11. Elisha Y. Babad, Jacinto Inbar, and Robert Rosenthal, "Pygmalion, Galatea, and the Golem: Investigations of Biased and Unbiased Teachers," Journal of Educational Psychology 74, no. 4(August 1982):459 – 74, doi:10.1037/0022-0663.74.4.459.

12. D. Brian McNatt, "Ancient Pygmalion Joins Contemporary Management: A Meta-Analysis of the Result," Journal of Applied Psychology 85, no.2(April 2000): 314 – 22, doi:10.1037/0021-9010.85.2.314.

chapter 5. 호기심을 자극하라: 마성의 호감형 인간으로 거듭나기

1. Lewis Howes, The School of Greatness: A Real-World Guide for Living Bigger, Loving Deeper, and Leaving a Legacy(Emmanus, PA: Rodale, 2015).

2. Lewis Howes, 저자와의 전화인터뷰, February 19, 2016.

3. Howes, School of Greatness.

4. International Encyclopedia of the Social Sciences, Encyclopedia.com, s.v. "Similarity/Attraction Theory," 2008, http://www.encyclopedia.com/social-sciences/applied-and-social-sciences-magazines/similarityattraction-theory.

5. Ellen Berscheid and Elaine H. Walster, Interpersonal Attraction(Reading, MA: Addison-Wesley, 1969), 69 – 91.

chapter 6. 암호를 풀어라: 숨겨진 감정 파악하기

1. Paul Ekman and Wallace V. Friesen, "Nonverbal Leakage and Clues to Deception," Psychiatry 32, no. 1(February 1969), doi:10.1037/e525532009-012.

2. Paul Ekman, Telling Lies: Clues to Deceit in the Marketplace, Politics, and Marriage(New York: Norton, 1985), (텔링 라이즈, 폴 에크먼, 이민주 옮김, 한국경제신문사, 2012).

3. Paul Ekman and Wallace V. Friesen, Unmasking the Face: A Guide to Recognizing Emotions from Facial Clues(Englewood Cliffs, NJ: Prentice-Hall, 1975).

4. San Francisco State University, "Facial Expressions of Emotion Are Innate, Not Learned," ScienceDaily, December 30, 2008, https://www.sciencedaily.com/releases/2008/12/081229080859.htm.

5. Ekman and Friesen, Unmasking the Face.

6. 단 한 가지 예외가 있다. 뉴기니 사람들은 공포의 미세표정과 놀라움의 미세표정을 구분하지 못했다.

7. Ekman, Unmasking the Face.

8. Ibid.

9. Janine Willis and Alexander Todorov, "First Impressions: Making Up Your Mind after a 100-Ms Exposure to a Face," Psychological Science 17, no. 7(July 2006): 592-98, doi:10.1111/j.1467-9280.2006.01750.x.

10. Alexander Todorov and Jenny M. Porter, "Misleading First Impressions: Different for Different Facial Images of the Same Person," Psychological Science 25, no. 7(May 27, 2014): 1404-417, doi:10.1177/0956797614532474.

11. Ross Buck, "Nonverbal Behavior and the Theory of Emotion: The Facial Feedback Hypothesis," Journal of Personality and Social Psychology 38, no. 5(May 1980):811-24, doi:10.1037/0022-3514.38.5.811.

chapter 7. 해법을 찾아라: 상대방의 성격을 꿰뚫어보는 법

1. Jerry S. Wiggins, ed., The Five-Factor Model of Personality: Theoretical Perspectives(New York: Guilford Press, 1996).

John M. Digman, "Personality Structure: Emergence of the Five-Factor Model," Annual Review of Psychology 41, no. 1(February 1990):417–40, doi:10.1146/annurev.ps.41.020190.002221.

Gerald Matthews, Ian J. Deary, and Martha C. Whiteman, Personality Traits(Cambridge, UK: Cambridge University Press, 2003).

Arthur E. Poropat, "A Meta-Analysis of the Five-Factor Model of Personality and Academic Performance," Psychological Bulletin 135, no. 2(2009):322–38, doi:10.1037/a0014996.

Donald Winslow Fiske, Patrick E. Shrout, and Susan T. Fiske, eds., Personality Research, Methods, and Theory: A Festschrift Honoring Donald W. Fiske(Hillsdale, NJ: L. Erlbaum Associates, 1995).

2. Wiggins, Five-Factor Model.

3. Brent W. Roberts, Nathan R. Kuncel, Rebecca Shiner, Avshalom Caspi, and Lewis R. Goldberg, "The Power of Personality: The Comparative Validity of Personality Traits, Socioeconomic Status, and Cognitive Ability for Predicting Important Life Outcomes," Perspectives on Psychological Science 2, no. 4(December 2007): 313–45, doi:10.1111/j.1745-6916.2007.00047.x.

4. Sam Gosling, Snoop: What Your Stuff Says About You(New York: Basic, 2008), (스눕, 샘 고슬링, 김선아 옮김, 한국경제신문사, 2010).

5. J. C. Biesanz, L. J. Human, A-C. Paquin, M. Chan, K. L. Parisotto, J. Sarracino, and R. L. Gillis, "Do We Know When Our Impressions of Others Are Valid? Evidence for Realistic Accuracy Awareness in First Impressions of Personality," Social Psychological and Personality Science 2, no. 5(January 19, 2011): 452–59, doi:10.1177/1948550610397211.

6. Patti Wood, Snap: Making the Most of First Impressions, Body Language, and Charisma(Novato, CA: New World Library, 2012), (상대를 사로잡는 0.3초, 패티 우즈, 김고명 옮김, 북앳북스, 2015).

7. Christopher Y. Olivola, Friederike Funk, and Alexander Todorov, "Social Attributions from Faces Bias Human Choices," Trends in Cognitive Sciences 18, no. 11(November 2014): 566–70.

8. Lea Winerman, " 'Thin Slices' of Life," Monitor on Psychology, March 2005, http://www.apa.org/monitor/mar05/slices.aspx.

9. Mitja D. Back, Juliane M. Stopfer, Simine Vazire, Sam Gaddis, Stefan C. Schmukle, Boris Egloff, and Samuel D. Gosling, "Facebook Profiles Reflect Actual Personality, Not Self-Idealization," Psychological Science 21, no. 3(January 2010): 372 –74, doi:10.1177/0956797609360756.

chapter 8. 욕구를 존중하라: 사람들로부터 최선을 끌어내는 법

1. Gary D. Chapman, The Five Love Languages: How to Express Heartfelt Commitment to Your Mate(Chicago: Northfield Pub., 1995), (5가지 사랑의 언어, 게리 채프먼, 황을호/장동숙 옮김, 생명의말씀사, 2010).
2. "SHRM-Globoforce Survey: Companies Need to Fine Tune Employee Recognition and Engagement Efforts," Society for Human Resource Management, April 12, 2012, http://www.shrm.org/about/pressroom/pressreleases/pages/shrm globoforce2012pressreleasepollengagementrecognition.aspx.
3. Gallup, Inc., "Employee Recognition: Low Cost, High Impact, Attractiveness," Gallup.com, June 28, 2016, http://www.gallup.com/businessjournal193238/employee-recognition-low-cost-high-impact.aspx.
4. Chapman, 5 Love Languages. https://s3.amazonaws.com/moody-profiles/uploads/profile/attachment/5/ 5LLPersonalProfile_COUPLES_1_.pdf.
5. John M. Gottman, The Science of Trust: Emotional Attunement for Couples(New York: W. W. Norton, 2011).
6. Kim T. Buehlman, John M. Gottman, and Lynn F. Katz, "How a Couple Views Their Past Predicts Their Future: Predicting Divorce from an Oral History Interview," Journal of Family Psychology 5, no. 3-4(1992): 295 –318, doi:10.1037/0893-3200.5.3-4.295.
7. Gottman, Science of Trust, 155.

chapter 9. 가치를 충족시켜라: 마음을 훔치는 기술

1. Boyd Varty, 저자와의 인터뷰, December 26, 2015; 저자와의 전화인터뷰, January 14,

2016.

2. Varty, Cathedral of the Wild.

3. Uriel G. Foa, John Converse Jr., Kjell Y. Törnblom, and Edna B. Foa, eds., Resource Theory: Explorations and Applications (San Diego: Academic Press, 1993).

4. Uriel G. Foa and Edna B. Foa, Resource Theory of Social Exchange (Morristown, NJ: General Learning Press, 1975).

5. Jerry S. Wiggins and Paul D. Trapnell, "A Dyadic-Interactional Perspective on the Five-Factor Model," in The Five-Factor Model of Personality, ed. Jerry S. Wiggins (New York: Guilford Press, 1996), 88-162.

6. Dan P. McAdams, "The Psychology of Life Stories," Review of General Psychology 5, no.2(2001): 100-22, doi:10.1037/1089-2680.5.2.100.

chapter 10. 너와 나의 연결고리: 사람들을 내 편으로 만드는 대화법

1. Susan Cain, "The Power of Introverts," TED video, 19:04, February 2012, https://www.ted.com/talks/susan_cain_the_power_of_introverts?language=en.

chapter 11. 재량권을 부여하라: 사람들을 리드하는 법

1. Michael I. Norton, Daniel Mochon, and Dan Ariely, "The 'IKEA Effect': When Labor Leads to Love," Journal of Consumer Psychology 22, no. 3(July 2012):453-60, doi:10.1016/j.jcps.2011.08.002.

2. Ellen J. Langer, Arthur Blank, and Benzion Chanowitz, "The Mindlessness of Ostensibly Thoughtful Action: The Role of 'Placebic' Information in Interpersonal Interaction," Journal of Personality and Social Psychology 36, no. 6(1978):635-42, doi:10.1037/0022-3514.36.6.635.

3. Nikolaus Franke and Martin Schreier, "Why Customers Value Self-Designed Products: The Importance of Process Effort and Enjoyment," Journal of Product Innovation Management 27, no. 7(December 2010):1020-31, doi:10.1111/j.1540-5885.2010.00768.x.

4. "How Lululemon's CEO Learned to Lead," CNNMoney video, :56, accessed March 2016, http://money.cnn.com/video/news/2011/10/28/best_advice_christina_day. cnnmoney/.

5. Brene Brown, Daring Greatly: How the Courage to Be Vulnerable Transforms the Way We Live, Love, Parent, and Lead(New York: Gotham Books, 2012), 209, (완벽을 강요하는 틀에 대담하게 맞서기, 브레네 브라운, 최완규 옮김, 명진출판, 2013).

6. Fernandez, "SXSW Q&A."

chapter 12. 약점을 드러내라: 오래도록 계속될 인연을 만드는 법

1. Frank Warren, 저자와의 전화인터뷰, November 12, 2015.

2. Thomas Gilovich, Victoria Husted Medvec, and Kenneth Savitsky, "The Spotlight Effect in Social Judgment: An Egocentric Bias in Estimates of the Salience of One's Own Actions and Appearance," Journal of Personality and Social Psychology 78, no. 2(2000):211–22, doi:10.1037/0022-3514.78.2.211.

3. Ibid.

4. Elliot Aronson, Ben Willerman, and Joanne Floyd, "The Effect of a Pratfall on Increasing Interpersonal Attractiveness," Psychonomic Science 4, no. 6(June 1966):227–28, doi:10.3758/bf03342263.

5. Ibid.

6. Richard Wiseman, 59 Seconds: Think a Little, Change a Lot(New York: Alfred A. Knopf, 2009), (59초, 리처드 와이즈먼, 이충호 옮김, 웅진지식하우스, 2009).

7. Jon Jecker and David Landy, "Liking a Person as a Function of Doing Him a Favour," Human Relations 22, no. 4(August 1969):371-78, doi:10.1177/001872676902200407.

8. Dennis T. Regan, "Effects of a Favor and Liking on Compliance," Journal of Experimental Social Psychology 7, no. 6(1971):627-39, doi:10.1016/0022-1031(71)90025-4.

chapter 13. 스스로를 보호하라: 까다로운 사람을 상대하는 법

1. Xochitl Gonzalez, 저자와의 전화인터뷰, January 14, 2016.

2. Joseph E. LeDoux and Elizabeth A. Phelps, "Emotional Networks in the Brain," in Handbook of Emotions, 3rd ed., eds. Michael Lewis, Jeannette M. Haviland-Jones, and Lisa Feldman Barrett(New York: Guilford Press, 2010), 159-79.
Jacek Dbiec and Joseph LeDoux, "The Amygdala and the Neural Pathways of Fear," in Post-Traumatic Stress Disorder, eds. Priyattam J. Shiromani, Joseph E. LeDoux, and Terence Martin Keane(New York: Humana Press, 2009), 23-38.

3. Etienne Benson, "The Synaptic Self," Monitor on Psychology, November 2002, http://www.apa.org/monitor/nov02/synaptic.aspx.

4. Ibid.

5. Ibid.

6. Ibid.

7. Mark Goulston, Just Listen: Discover the Secret to Gettting Through to Absolutely Anyone(New York: American Management Association, 2010), (뱀의 뇌에게 말을 걸지 마라, 마크 고울스톤, 황혜숙 옮김, 타임비즈, 2010).

8. Xochitl Gonzalez, 저자와의 전화인터뷰, January 14, 2016.

chapter 14. 인연을 맺는다는 것: 사람들이 당신에게 푹 빠지게 하라!

1. Noam Zerubavel, Peter S. Bearman, Jochen Weber, and Kevin N. Ochsner, "Neural Mechanisms Tracking Popularity in Real-World Social Networks," Proceedings of the National Academy of Sciences 112, no. 49(December 2015): 15072-77, doi:10.1073/pnas.1511477112.

2. Mary M. Leahy, "Are You Social?" Times-Herald(Vallejo, CA), December 17, 1998, Web. June 23, 2016, http://www.sq.4mg.com/traits_2437.htm#z.

3. Tim Sanders, The Likeability Factor(New York: Crown, 2005), (완전호감기술, 팀 샌더스, 정지현 옮김, 북스캔, 2006).

4. R. Matthew Montoya and Robert S. Horton, "The Reciprocity of Liking Effect," in The Psychology of Love, ed. Michele Paludi(Santa Barbara, CA: Praeger, 2012),

39–57.

5. Oprah Winfrey, What I Know for Sure(New York: Flatiron Books, 2014), (내가 확실히 아는 것들, 오프라 윈프리, 송연수 옮김, 북하우스, 2014).

6. Abraham Maslow, "A Theory of Human Motivation," Psychological Review 50 (1943), 370–96.

7. Naomi I. Eisenberger, Matthew D. Lieberman, and Kipling D. Williams, "Does Rejection Hurt? An fMRI Study of Social Exclusion," Science 302, no. 5643(2003), 290, doi:10.1126/science.1089134.

지은이 **바네사 반 에드워즈**

인간행동연구소 '사이언스오브피플'의 대표, 인간행동 탐구가

"인간행동의 본질을 알면 인간관계가 술술 풀린다."고 말하는 그는 인간행동에 대한 놀라운 통찰을 보여준다. '독보적인 카리스마를 얻는 5가지 습관', '몸짓언어를 읽는 방법', '누구를 만나도 쉽고 친근하게 대화하는 법' 등 대인관계를 다룬 글과 영상이 인터넷 상에서 회자되고 입소문을 타면서 유명해졌다.

그가 운영하는 유튜브 채널의 구독자 수는 27만 명이고, 누적 조회 수는 2,000만에 달한다. 구글, 마이크로소프트, 인텔, 모건스탠리 등의 기업에서 임직원들을 대상으로 혁신적인 워크숍을 이끌며, 〈허핑턴포스트〉, 〈포브스〉, CNN에 칼럼을 기고해 인간관계로 고민하는 전 세계 사람들에게 독창적인 접근법을 제시했다. 현재 온라인대학 유데미Udemy에서 9만 명의 학생들을 확보한 스타 강사로 활약하고 있다.

저자의 대인관계 기술은 천편일률적이지 않다. 개인의 '성격적 특성'을 고려해 맞춤 전략을 가르치게 된 계기는 한때 그가 사람들 앞에 서면 딸꾹질하고 횡설수설할 정도로 대인공포가 심했기 때문이다. 소심하고 내성적인 자신에게 맞는 방법을 찾아 8년간 실험 연구했고, 마침내 기술을 터득했다. 이는 50여 개국에서 5만 명의 학생들이 실제 상황에 적용해보고, 효과를 보면서 14가지 공식으로 정리될 수 있었다.

이 책은 '애플이 선정한 올해 가장 기다려지는 책'으로, 출간 전부터 폭발적인 화제를 모았다. 출간 직후 미국 'National Bestseller'가 되면서 북미 독자들의 비즈니스와 인생을 승승장구하게 만들었다. 첫인상을 만드는 5분, 상대방을 완전히 파악하는 5시간, 깊은 관계를 만드는 5일간의 전략들은 내가 어떤 유형의 사람인지에 따라 어떻게 대비하면 좋을지 알려준다. 나다움을 지키면서 매력을 더하는 노하우를 자세히 소개한다.

옮긴이 **김문주**

연세대학교 정치외교학과 졸업 후 연세대학교 신문방송학과 석사를 수료했다. 현재 번역 에이전시 엔터스코리아에서 전문 번역가로 활동하고 있다. 주요 역서로는 《거울 앞에서 너무 많은 시간을 보냈다》, 《어떻게 이슬람은 서구의 적이 되었는가》, 《민주주의의 정원》 등이 있다.

미세표정 플래시 카드

미세표정을 연습해보고 싶다고?
TV를 보거나 친구들과 이야기할 때 참고할 수 있는 자료를 만들었으니
책에서 잘라내 사용해보자.

분노

- 눈살을 찌푸린다.
- 눈 아래가 팽팽해진다.
- 입술이 얇고 팽팽해진다.

경멸

- 목표물을 향해
  눈을 가느다랗게 뜬다.
- 한쪽 입꼬리가 올라간다.
- 몸을 돌린다.

행복

- 두 눈가에 주름이 잡힌다.
- 광대뼈가 올라간다.
- 입꼬리가 당겨지면서 올라간다.

공포

- 두 눈썹이
  일자 형태로 올라간다.
- 눈꺼풀이 올라가며 눈이 커진다.
- 입이 살짝 벌어진다.

놀람

- 눈썹이 동그랗게
  올라간다.
- 흰자가 보일 정도로 눈이 커진다.
- 입이 떡 벌어진다.

혐오

- 콧등에 주름이 잡힌다.
- 두 뺨이 올라간다.
- 윗입술이 위로 들린다.

슬픔

- 눈썹이 가운데로 몰린다.
- 눈이 초점을 잃는다.
- 입꼬리가 아래로 처진다.

캣치

2018년 12월 3일 초판 1쇄 | 2018년 12월 18일 4쇄 발행
지은이 · 바네사 반 에드워즈 | 옮긴이 · 김문주

펴낸이 · 김상현, 최세현
책임편집 · 김유경

마케팅 · 양봉호, 김명래, 권금숙, 심규완, 임지윤, 최의범, 조히라, 유미정
경영지원 · 김현우, 강신우 | 해외기획 · 우정민
펴낸곳 · ㈜쌤앤파커스 | 출판신고 · 2006년 9월 25일 제406-2006-000210호
주소 · 경기도 파주시 회동길 174 파주출판도시
전화 · 031-960-4800 | 팩스 · 031-960-4806 | 이메일 · info@smpk.kr

ⓒ 바네사 반 에드워즈(저작권자와 맺은 특약에 따라 검인을 생략합니다)
ISBN 978-89-6570-718-9 (03320)

• 이 책은 저작권법에 따라 보호받는 저작물이므로 무단전재와 무단복제를 금지하며, 이 책 내용의
전부 또는 일부를 이용하려면 반드시 저작권자와 ㈜쌤앤파커스의 서면동의를 받아야 합니다.
• 이 책의 국립중앙도서관 출판시도서목록은 서지정보유통지원시스템 홈페이지(http://seoji.nl.go.kr)와
국가자료공동목록시스템(http://www.nl.go.kr/kolisnet)에서 이용하실 수 있습니다.
(CIP제어번호: CIP2018034643)

• 잘못된 책은 구입하신 서점에서 바꿔드립니다. • 책값은 뒤표지에 있습니다.

쌤앤파커스(Sam&Parkers)는 독자 여러분의 책에 관한 아이디어와 원고 투고를 설레는 마음으로 기다리고
있습니다. 책으로 엮기를 원하는 아이디어가 있으신 분은 이메일 book@smpk.kr로 간단한 개요와 취지, 연
락처 등을 보내주세요. 머뭇거리지 말고 문을 두드리세요. 길이 열립니다.